essentials

Essentials liefern aktuelles Wissen in konzentrierter Form. Die Essenz dessen, worauf es als „State-of-the-Art" in der gegenwärtigen Fachdiskussion oder in der Praxis ankommt. *Essentials* informieren schnell, unkompliziert und verständlich

- als Einführung in ein aktuelles Thema aus Ihrem Fachgebiet
- als Einstieg in ein für Sie noch unbekanntes Themenfeld
- als Einblick, um zum Thema mitreden zu können

Die Bücher in elektronischer und gedruckter Form bringen das Fachwissen von Springerautor*innen kompakt zur Darstellung. Sie sind besonders für die Nutzung als eBook auf Tablet-PCs, eBook-Readern und Smartphones geeignet. *Essentials* sind Wissensbausteine aus den Wirtschafts-, Sozial- und Geisteswissenschaften, aus Technik und Naturwissenschaften sowie aus Medizin, Psychologie und Gesundheitsberufen. Von renommierten Autor*innen aller Springer-Verlagsmarken.

Georg Adlmaier-Herbst · Gabriele Hornig

Gute Finanzentscheidungen

Mit der richtigen Balance von Bauch
und Verstand zu klugen Lösungen

Georg Adlmaier-Herbst
Funchal, Portugal

Gabriele Hornig
Gabriele Hornig Steuerberatung
Wien, Österreich

ISSN 2197-6708　　　　　　ISSN 2197-6716　(electronic)
essentials
ISBN 978-3-658-45589-7　　ISBN 978-3-658-45590-3　(eBook)
https://doi.org/10.1007/978-3-658-45590-3

Die Deutsche Nationalbibliothek verzeichnet diese Publikation in der Deutschen Nationalbiblio-
grafie; detaillierte bibliografische Daten sind im Internet über https://portal.dnb.de abrufbar.

Planung/Lektorat: Maximilian David
Springer Gabler ist ein Imprint der eingetragenen Gesellschaft Springer Fachmedien Wiesbaden
GmbH und ist ein Teil von Springer Nature.
Die Anschrift der Gesellschaft ist: Abraham-Lincoln-Str. 46, 65189 Wiesbaden, Germany

Was Sie in diesem *essential* finden können

- **Gute Entscheidungen treffen:** Die Suche nach der richtigen Finanzentscheidung erweist sich oft als schwierig. Ob eine Finanzentscheidung richtig war, wissen wir erst hinterher. Sie können jedoch im Vorfeld viel tun, um eine Entscheidung zu treffen, mit der Sie gut leben können. Wir zeigen Ihnen, wie dies gelingen kann.
- **Wohlbefinden durch eigene Ziele (Motive):** Das gute Gefühl in Finanzdingen hängt davon ab, inwieweit Ihre persönlichen Ziele, Werte und Bedürfnisse erfüllt sind. Diese können der Wunsch nach Harmonie in der Familie sein, wenn es um die Weitergabe einer Immobilie oder der Wunsch nach Weiterbestand, wenn es um ein Unternehmen geht. Wir zeigen Ihnen, wie Sie Ihre persönlichen Ziele berücksichtigen können. Dies führt dazu, dass Sie sich mit Finanzentscheidungen wohlfühlen.
- **Exploration der eigenen Gefühle bei Finanzentscheidungen:** Wir zeigen Ihnen, wie sie mit der **Affektbilanz** die bei Finanzentscheidungen beteiligten Gefühle klären und in Ihre Entscheidung einbeziehen können.
- **Steuerung von Gefühlen bei Finanzentscheidungen:** Sie erfahren, wie Sie damit umgehen können, wenn rationale Argumente allein Sie nicht überzeugen und Sie zu keiner Entscheidung kommen, da Ihr Gefühl ein dunkelrotes Signal sendet.

Ich, Georg Adlmaier-Herbst, widme dieses Buch Mike Espinoza Shaolin

I, Georg Adlmaier-Herbst, dedicate this book to Mike Espinoza Shaolin

Inhaltsverzeichnis

Prof. Dr. Georg Adlmaier-Herbst leitet die Forschungsstelle „Berliner Management Modell für die Digitalisierung (BMM)" am Berlin Career College der Universität der Künste Berlin. Er unterrichtet in dem Masterstudiengang Wissenschaftsmanagement an der Technischen Universität Berlin. Außerdem ist er seit vielen Jahren Modulverantwortlicher in Executive-Lehrgängen an der Universität St. Gallen.

Mag. Gabriele Hornig M.A. hat Betriebswirtschaft und englische Literatur des 19. Jahrhunderts studiert und ist Steuerberaterin und eingetragene Wirtschaftsmediatorin. Nach langjähriger Tätigkeit in der Wirtschaftsprüfung in Wien, London und Budapest, arbeitet sie nun als Steuerberaterin und Wirtschaftsmediatorin in Wien.

In Finanzdingen entscheidet meist der Verstand – doch da geht mehr
Wenn Sie zu diesem Buch gegriffen haben, kennen Sie wahrscheinlich folgende Situation: Sie stehen vor einer Entscheidung in einer Finanzfrage. Ihr Verstand gibt grünes Licht für die rationalen Argumente – Zahlen, Daten, Fakten stimmen. Doch irgendwie haben Sie ein ungutes Gefühl, das Sie von der Entscheidung abhält. Wie kommt dies zustande? Und wie gehen Sie hiermit um? Hauskauf, Nachfolgeregelung, Sparpläne: Viele Finanzentscheidungen trifft der rationale Verstand, doch oft treten selbst bei vernünftigen Gründen für eine Entscheidung diffuse ungute Gefühle auf: ein Klos im Hals, ein dumpfes Gefühl in der Magengegend. Solche Gefühle können Menschen lange verfolgen und selbst eine vernünftige Entscheidung immer wieder infrage stellen.

▷ Die zentrale Frage lautet daher: Wie können Menschen eine rational vernünftige Entscheidung mit einem guten Gefühl verbinden?

Bevor wir diese Frage beantworten, möchten wir Ihnen erzählen, warum wir dieses Thema so wichtig finden. Hier kommt Gabriele Hornig zu Wort, die von uns beiden Autoren die erfahrene Steuerberaterin in Wien ist:

Es ist lange her. Ein kalter, nebliger Novembertag. Ich sitze in einem Seminarraum im Hotel Wende am Neusiedlersee und höre mir einen Vortrag über die Einkommensteuer an. Grund ist die Vorbereitung zur Steuerberaterprüfung und ich versuche dem Vortrag konzentriert zu folgen. Doch meine Gedanken sind nicht bei der Einkommensteuer, sondern bei der Frage, wieso sich alles allein um die steueroptimale Gestaltung dreht. Und ich frage mich: Wie werde ich meine Klientinnen und Klienten beraten? Werde ich ihnen sagen, dass sie das machen sollen, was steuerlich am günstigsten ist? Also das, was sie am wenigsten kostet? Ich spüre, dass mir diese Überlegung widerstrebt und ahne, dass hier eine

G. Adlmaier-Herbst und G. Hornig, *Gute Finanzentscheidungen*, essentials, https://doi.org/10.1007/978-3-658-45590-3_1

wesentliche Dimension fehlt. Was soll das für ein Leben sein in dem Steuersparen handlungsleitend ist? Ist das Leben eine Steuererklärung?

Gerade noch habe ich den Sommerurlaub in den USA verbracht. Ein teurer Urlaub, den ich mir als Berufsanwärterin nicht leicht leisten konnte. Aber ich bin trotzdem in die USA geflogen, weil es mir dieser Urlaub wert war, mein Geld dafür auszugeben. Hätte ich meine SteuerberaterkollegInnen gefragt, hätten sie mir wohl zu einem Urlaub am Neusiedlersee geraten. So hätte ich viel Geld gespart. Aber hätte ich das auch gewollt?

Und so bin ich zur zentralen Frage gekommen: Was tue ich, wenn die billigste, die steueroptimale Variante, nicht das ist, was ich will?

Beispiel Wohnort

Menschen entscheiden sich aus den unterschiedlichsten Gründen für einen bestimmten Wohnort: Manche bleiben in der Stadt, in der sie geboren sind. Sie finden dort einen Job und sind glücklich, weil sie sich nicht von ihrer Familie und ihren Freunden trennen müssen. Andere können sich nicht vorstellen, ihr ganzes Leben an nur einem Ort zu verbringen. Also verlassen sie ihren Geburtsort fürs Studium oder zu dem Zeitpunkt zu dem sie zu arbeiten beginnen. Sie ziehen dorthin, wo sie leben wollen oder dorthin wo sie einen guten Job gefunden haben, wo sie sich einen neuen Bekanntenkreis aufbauen möchten und ihrer Freizeitgestaltungen wie Sport und Kultur nachgehen können.

Dann gibt es die steueroptimale Variante für Menschen mit hohem Vermögen und Einkommen: die Verführung, sich dort anzusiedeln, wo Steuern niedrig sind und das Wetter angenehm. Solche Überlegungen haben durchaus eine Berechtigung. Aber ist es mir nicht gerade aufgrund meines Vermögens möglich, genau an dem Ort zu leben, an dem ich leben möchte – auch wenn mich diese Entscheidung mehr kostet? Geflüchtete können sich ihren Wohnsitz oft nicht aussuchen; Steuerflüchtige lassen den Steuergesetzgeber über ihren Wohnsitz bestimmen.◄

Es geht also um die Frage, wie es möglich ist, Finanzentscheidungen zu treffen, die steuerliche Gestaltung und persönliche Wünsche gleichermaßen berücksichtigen. Es geht eben nicht allein um die steuerlich optimale Lösung, die den Vorteil hat, dass sie gut argumentierbar ist und vom Gesetzgeber getroffen wird. Denn wenn ich ein erfülltes Leben anstrebe, dann gilt es auch, andere, nicht finanzielle Werte in Entscheidungen einzubeziehen.

Dafür lohnt es sich Zeit zu nehmen. Sich klar zu werden, was im eigenen Leben wichtig ist und was man erreichen möchte bzw. was als nächstes kommt, wenn man schon viel erreicht hat. Finanzentscheidungen sind immer auch Lebensentscheidungen. Denn: „Das Geld, das man besitzt, ist das Mittel zur Freiheit, dasjenige, dem man nachjagt, das Mittel zur Knechtschaft." (Jean-Jaques Rousseau).

Wie also treffe ich Finanzentscheidungen, bei denen ich zusätzlich zu steueroptimalen Lösungen meine persönlichen Werte und Ziele berücksichtigen kann. Wie bewerte ich die Möglichkeiten, die sich mir stellen und wie argumentiere ich meine Entscheidung?

Ich habe viele Jahre in großen Beratungsfirmen gearbeitet. Dort ging es sehr rational zu. Gefühle wurden als Störfaktoren angesehen, Menschen die Gefühle zeigten wurden nicht ernst genommen, Man verhielt sich „professionell", ärgerte sich leise und freute sich nur verhalten. Tief in mir hatte ich das Gefühl, dass irgendwo mehr sein muss. Etwas, was dieses kognitive, auf maximalen Gewinn getrimmte System übersieht. Einen Schatz, den es irgendwo gibt, der mir aber noch nicht zugänglich ist. Und dass es möglich ist, glücklicher und leichter zu leben.

▶   Geld allein ist nicht genug. Finanzentscheidungen sollten mit einem Blick auf ein gutes und sinnvolles Leben und gelingende Beziehungen getroffen werden.

Mit der Ausbildung zur Wirtschaftsmediatorin begann ich, Entstehen und Wirken von Gefühlen kennen zu lernen. Ich las Bücher wie Antonia Damasios „Descartes' Irrtum. Fühlen, Denken und das menschliche Gehirn" in dem er in einem viel beachteten Experiment nachweist, dass es gar nicht möglich ist, Entscheidungen ohne Gefühle zu treffen. Ich lernte bei den Gehirnforschern Gerald Hüther und Joachim Bauer den aktuellen Stand der Gehirnforschung und die Rolle von Gefühlen wie Begeisterung als Grundlage für unser rationales Denken kennen.

Meine Frage wurde konkreter: Wenn Gefühle bei Entscheidungen so eine wichtige Rolle spielen, wie kann man dann Gefühle in die Entscheidung einbeziehen? Und dann stieß ich auf die Affektbilanz – eine Bilanz für Gefühle. Was für eine Ergänzung zu den aus Zahlen und Summen bestehenden Bilanzen, die zwar in ihrer Klarheit eindeutig sind, auf Gefühle jedoch keine Rücksicht nehmen. Ein Geschenk für eine Steuerberaterin!

Ich begann mit der Affektbilanz zu arbeiten. Die Methode stellte sich als leicht zu erklären, einfach zu handhaben und immer wieder hilfreich heraus. Diese andere Dimension, die Gefühle, hatten eine Sprache bekommen.

Die Affektbilanz wurde von Maja Storch und Frank Krause im Rahmen eines Selbstmanagement Trainings, dem „Zürcher Ressourcen Modells (ZRM ®)" mit dem Ziel entwickelt, Gefühle in Entscheidungssituationen sichtbar und rational argumentierbar zu machen. Wie wir unten detaillierter ausführen werden, sind Gefühle Hinweise auf persönliche Ziele, Erfahrungen und Werte, die im Unbewussten gespeichert sind und daher oft nicht bewusst wahrgenommen werden können. Mit der Methode der Affektbilanz kann die Botschaft von Gefühlen entschlüsselt werden, womit die Information rational verfügbar ist und in die Entscheidung einbezogen werden kann.

Letztendlich ist es das Ziel, dass rationale Argumente und Gefühle bei einer Entscheidung für ein gutes Ergebnis zusammenarbeiten. Da Verstand und Gefühle sehr unterschiedlich arbeiten, geht es darum, den Verstand und Gefühle so lange miteinander abzustimmen, bis beide miteinander „können" und gemeinsam zu einer Entscheidung kommen. So eine Entscheidung ist dann eine gute Entscheidung, weil sie das rationale Denken genauso wie Gefühle als Entscheidungsgrundlage heranzieht, die Entscheidung nachvollziehbar macht und Geld genauso wie persönlichen Werte berücksichtigt.

Heute treffe ich meine Entscheidungen viel leichter und bin mir zum Zeitpunkt der Entscheidung klar darüber, was mir dabei wichtig ist. So ist meine Entscheidung für mich nachvollziehbar und anderen gegenüber argumentierbar. Dies hat wesentlich zur Verbesserung meiner Lebensqualität und meines Wohlstandes beigetragen.

Als Steuerberaterin und Mediatorin begleite ich meine Klientinnen und Klienten dabei, gute Entscheidungen zu treffen. Für ihre rationalen Überlegungen berate ich sie steuerlich und wirtschaftlich und erarbeite Berechnungen für einzelnen Szenarien. Und wenn sie sich dann aufgrund dieser Informationen noch nicht mit guten „Bauchgefühl" für eine Möglichkeit entscheiden können, kommt die Affektbilanz zum Einsatz. Nun geht es darum, dass sie sich über ihre persönlichen Ziele, Bedürfnisse und Werte im Klaren werden und die Zahlen mit ihrem „Bauchgefühl" in Einklang bringen können. Das Ergebnis sind gute, kraftvolle Entscheidungen, die zu ihrem Leben passen, mit denen sie sich wohlfühlen und die sie anderen gegenüber vertreten können." Ich bin erleichtert" höre ich oft von meinen KlientInnen, nachdem ich sie ihre Entscheidung getroffen haben.

▶   Meine Erfahrung zeigt, dass der Blick allein auf die höchste Steuerersparnis und den höchsten Gewinn wesentliche persönliche Aspekte nicht berücksichtigt und hohe wirtschaftliche und persönliche Kosten zur Folge haben kann.

Geld zu maximieren kann ein Ziel sein. Es ist aber die Überlegung wert, ob es darüber hinaus nicht auch wünschenswert ist, ein weitaus höheres Ziel anzustreben: wahren Wohlstand durch ein erfülltes Leben.

Beispiel: Geschenk

Eltern, die sich ein Haus oder eine Wohnung erarbeitet haben, wollen diese Immobilien klarerweise unter so geringen Verlusten wie möglich an ihre Kinder weitergeben. Es ist verständlich, dass sie nach einer Möglichkeit suchen, hier Steuern zu sparen. Und so gab es vor einigen Jahren eine merkbare Entwicklung: Ungewöhnlich viele Eltern haben ihre Immobilien ihren Kindern geschenkt. Die Eltern haben sich oft den Fruchtgenuss, also die Verfügung über die Immobilie und die Einnahmen behalten, wobei sie dafür auch alle Ausgaben übernommen haben. Oder sie haben sich ein Wohnrecht behalten. Wieso dann die Schenkungen? Für viele war der Grund die bevorstehende Erhöhung der Grunderwerbsteuer, die zukünftige Schenkungen und auch das Erben von Immobilien mit einer höheren Grunderwerbsteuer belegt hat.

„Wir wollen ohnehin, dass unsere Kinder das Haus erben", sagen sie, „dann können wir es gleich jetzt machen, wenn wir dadurch Steuern sparen können." Ein Argument das wirtschaftlich sinnvoll ist. Doch da sind noch andere Faktoren zu berücksichtigen, denen man durchaus einen Wert beimessen könnte: Wenn es nur „wegen der Steuer" geschenkt wurde, ist es dann ein Geschenk? Oder doch nur eine steuerlich vorteilhafte Konstruktion? Können sich meine Kinder jetzt bereits für das „Geschenk" bedanken, oder habe ich ihnen das Haus eigentlich gar nicht geschenkt? Und wenn das so ist, bekommen sie ihr „Geschenk" erst wenn die Eltern tot sind, wenn die Kinder keine Möglichkeit mehr haben, sich bei ihren Eltern zu bedanken.

Unklare Verhältnisse bergen auch Sprengstoff für Konflikte in persönlichen Beziehungen. Als Eigentümerin verhalte ich mich anders als jemand, der nichts mit dem Haus, der Wohnung zu tun hat. Entscheidungen betreffen eben schon „mein" Eigentum. Die Eltern sind nicht mehr frei in ihren Entscheidungen. Erwarten sie sich Dankbarkeit? Und in welcher Form? Hier ist oft viel unausgesprochen und so kommt es häufig zu Konflikten. Und dann wird es nicht nur teuer, sondern auch schmerzlich für die Familie, wenn Eltern und Kinder sich nicht mehr verstehen und zu streiten beginnen. Bei der Entscheidung zu Schenken haben die Eltern nur auf die Kosten geschaut und darüber vergessen zu bedenken, wann sie bereit sind von Herzen zu schenken und sich freuen, dafür auch einen empfundenen Dank zu bekommen.◄

Über dieses Buch

Menschen treffen täglich viele Entscheidungen: Sie entscheiden sich in der Früh auf-
zustehen, wenn der Wecker läutet oder doch noch 5 oder 10 min liegen zu bleiben.
Dann gilt es zu entscheiden, ob man zuerst ins Bad geht oder die Kaffeemaschine ein-
schaltet. Müsli oder Käsebrot? Und so weiter. Viele dieser Entscheidung sind bereits
durch eine Routine fixiert und es wäre unmöglich, jede einzelne Entscheidung
täglich neu zu hinterfragen.

   Und dann sind da die großen Entscheidungen, die immer auch Geld betreffen.
Wirtschaftliche Entscheidungen, die, wie man hört, mit kühlem Verstand zu treffen
sind. Das ist richtig. Übersehen wird, dass Entscheidungen, besonders wenn sie in
ihrer Konsequenz weitreichend sind, nicht emotions- und leidenschaftslos fallen
können.

   Die Vorstellung rein rationaler Entscheidungen hat sich gerade in der Steuerberatung festgesetzt. Auch deshalb, weil Zahlen Sicherheit geben und Berechnungen
rational argumentiert werden können. So bleiben persönliche Ziele, Werte und
Erfahrungen oft ungenutzt.

   Mit der Affektbilanz ist es nun möglich, Gefühlen eine Sprache zu verleihen und
so hinter persönliche Werte zu kommen. Ist dafür eine Sprache gefunden, führen
diese in Abstimmung mit rationalen Argumenten zu guten Entscheidungen und zu
einer Klarheit darüber, was dabei wichtig ist. „Ich schenke dir die Wohnung, weil ich
möchte, dass das, was ich habe, einmal dir gehört" trifft die Situation möglicherweise
besser als „Ich habe dir die Wohnung überschrieben, weil wir Steuer sparen müssen."

> ▶   Die Vorteile rein rationaler Entscheidungen liegen auf der Hand:
>   Sie sind nachvollziehbar und argumentierbar und zum Zeitpunkt der
>   Entscheidung am günstigsten. Man kann die Entscheidung an den
>   Gesetzgeber delegieren und muss sich nicht mit der eigenen „Ge-
>   fühlslage" beschäftigen. Als Menschen bewegt uns jedoch das, was
>   uns wichtig ist. Die Sorge für die eigene Sicherheit, Fürsorge für
>   andere, ein gutes Miteinander. Auf diesem Gebiet leiten uns unsere
>   Gefühle. Nehmen wir uns doch die Zeit, auch die Botschaft unserer
>   Gefühle in die Entscheidungsfindung einzubeziehen.

In diesem Buch lesen Sie über den Verstand und die Gefühle und wie diese bei
Entscheidungen zusammenarbeiten können. Und Sie erfahren, wie Sie mit der
Affektbilanz ihren Gefühlen eine Sprache geben können, damit sie deren Ursa-
chen verstehen und in ihre Entscheidungen einbeziehen können. Das Ergebnis
sind gute Entscheidungen, die nicht nur rational argumentierbar, sondern auch
von Herzen begründbar sind. Denn: Geld allein ist nicht genug!

Ein Hinweis: Wir verwenden in diesem Buch den Begriff »Gefühle« als Ober-
begriff für Affekte, Emotionen und Stimmungen (in Anlehnung an Storch/Kuhl
2012).

Für wen wir dieses Buch geschrieben haben
Wir Autoren möchten Menschen mit diesem Buch erreichen, die nach guten
Finanzentscheidungen suchen. Die erkennen, dass Argumente für oder gegen eine
Entscheidung immer auch Gefühle auslösen. Ihnen möchten wir einerseits ermög-
lichen die Rolle des Verstandes und der Gefühlen in Entscheidungsfindungen zu
verstehen und ihnen mit der Affektbilanz eine Methode an die Hand geben, mit der
sie der Botschaft ihrer Gefühle auf die Spur kommen.

Aufbau des Buches
Das erste Kapitel leitet in das Thema ein und führt Praxisbeispiel auf. Das zweite
Kapitel erläutert, was richtige und was gute Entscheidungen in Finanzangelegenhei-
ten sind. Kapitel drei zeigt Ihnen, mit welchen unterschiedlichen Gehirnsystemen
wir Dinge bewerten und entscheiden und wie wir Handlungen planen. Kapitel vier
geht auf den Prozess der Entscheidungsfindung ein, für den wir unsere Erfahrungen nutzen, um auf künftige Konsequenzen einer Handlung zu schließen. Woher
kommen die Gefühle bei einer Entscheidung? Dies zeigt Kap. 5 auf. Wie wir
unsere Gefühle erkunden können, lesen Sie in Kap. 6. Kapitel sieben zeigt weitere
Praxisbeispiele auf.

Danksagung
Herzlich danken wir den Entwicklern des Zürcher Ressourcen Modells (ZRM ®)"
Maja Storch und Frank Krause, die uns mit der Affektbilanz ein Werkzeug in die
Hand gegeben haben, das wissenschaftlich fundiert und leicht anwendbar ist. Wei-
ters danken wir der der Essentials-Projektgruppe sowie allen KollegInnen aus dem
Lektorat, der Herstellung und dem Marketing. Wir wünschen Ihnen viel Spaß bei
der Lektüre und viele Anregungen.
    Georg Adlmaier-Herbst, Gabriele Hornig, Funchal und Wien 2024

2.1 Richtige Entscheidungen

Bei der Frage, wie die geplante Entscheidung sein sollte, antworten Menschen fast immer „Die richtige Entscheidung". Was ist eine richtige Entscheidung? Und gibt es überhaupt eine richtige Entscheidung? Finanzentscheidungen sind oft komplex und reich an Konsequenzen. Unter diesen Umständen, schreibt die Psychologin Maja Storch, sei es aus wissenschaftlicher Sicht „unseriös, eine einzige „richtige" Entscheidung zu definieren. Dennoch versuchten die meisten Menschen, Entscheidungen mit unsicherer Perspektive mit der „Ostereier-Theorie" zu bearbeiten: Für jedes Problem gibt es eine richtige Entscheidung, die sie nur finden müssen, wie beim Ostereiersuchen das Osterei. Diese Strategie sei falsch (Storch 2005). Es gibt kein Modell, das hilft, aus der Menge der Möglichkeiten eine eindeutig „richtige" herauszusuchen. Ob eine Entscheidung richtig war, wissen wir erst hinterher. Was wir im Vorfeld tun können, ist gute Entscheidungen zu treffen. Was sind gute Entscheidungen? Das sind jene Entscheidungen, bei denen rationale Argumente und gute Gefühle im Einklang sind.

Beispiel

Wer kennt sie nicht: die Freundin, die sich monatelang mit ihrer neuen Küche beschäftigt. Sie möchte eine blaue Küche haben, ist sich aber unsicher, ob sie diese in 10 Jahren noch mögen, wird. Es gelingt ihr nicht, sich zu entscheiden. Anders ihre Bekannte: Die entscheidet sich sofort für ihre Küche, weil sie ihr gefällt. „Und wenn ich in 10 Jahren noch lebe, und die Küche gefällt mir nicht mehr, freue ich mich zuerst einmal, dass ich noch lebe. Und sollte mir die Küche nicht mehr gefallen, dann verändere ich sie oder kaufe mir eine neue, wenn ich sie mir leisten kann.◀

G. Adlmaier-Herbst und G. Hornig, *Gute Finanzentscheidungen*, essentials, https://doi.org/10.1007/978-3-658-45590-3_2

Es gibt also keine richtige Entscheidung. Es gibt nur gute Entscheidungen, die aktuelle, rational verfügbare Informationen einerseits und persönliche Werte und Ziele andererseits berücksichtigen. Entscheidungen, die nachvollziehbar und argumentierbar sind und Handlungsfreiraum für zukünftige Entwicklungen offenlässt. Von einer guten Entscheidung werden wir auch in Zukunft sagen können, dass sie zu dem Zeitpunkt, zu dem wir sie getroffen haben, gut war. Denn: „Die Zukunft sollte man nicht voraussehen wollen, sondern möglich machen." (Antoine de Saint-Exupéry).

Persönliche Werte und Ziele sind in uns verankert und über Gefühle zugänglich. Haben wir wichtige Werte oder Ziele berücksichtigt, lösen diese ein gutes, wohliges Gefühl aus. Dann sind wir bereit, eine Entscheidung mit klarem Verstand und gutem Gefühl zu treffen, anders ausgedrückt: eine gute Entscheidung.

Was uns ein ungutes Gefühl sagen will, ist oft erst einmal unklar. Wir zeigen Ihnen in diesem *essential,* wie Sie zum einen Entscheidungen treffen, die für Sie aus rationaler Sicht sachlich korrekt sind, zum anderen ein gutes Gefühl auslösen. Wir zeigen Ihnen, wie Sie vernünftig entscheiden und sich hierbei wohlfühlen können.

2.2   Geld als Entscheidungskriterium

Immer noch greifen Menschen bei wirtschaftlichen Entscheidungen gern auf ein einziges Kriterium, einen einzigen Wert zurück: Geld. Also die niedrigsten Kosten und der höchste Gewinn. Hiermit entscheiden sie sich für die sogenannte „steueroptimale Variante", also die Entscheidung, die ihnen ihre SteuerberaterInnen auf Basis der aktuellen und erwarteten Steuergesetze als günstigste Variante ausrechnen.

Dies hat mehrere Vorteile: Man muss sich nicht selbst entscheiden und kann die Verantwortung abgeben. Jede und jeder, der einmal eine große und weitreichende Entscheidung zu treffen hatte, weiß, wie entlastend es sein kann, sich eine Entscheidung abnehmen zu lassen. In gewissen Situationen kann man sich daher auch hierfür entscheiden. Aber wenn es um mehr als Geld geht, wenn es um Beziehungen und persönliche Werte geht, dann ist es wert, die Informationen zu berücksichtigen, die uns unser Gefühl mitteilt. So gelingen gute Entscheidungen, die nicht nur die Geldbörse, sondern auch das Leben bereichern.

Die wahren Kosten „steueroptimaler" Entscheidungen

Bei näherer Betrachtung zeigt sich, dass Steuersparen seinen Preis hat: Den Preis, dass man sich seinen Wohnort nicht selbst aussuchen kann, dass es in der Familie zu Unklarheiten kommt, dass man den Zugriff auf sein – in eine Stiftung eingebrachtes – Vermögen aufgegeben hat und Unternehmen durch Streitigkeiten zwischen Gesellschaftern in ihrer Existenz gefährdet sein könnten. Da sind noch andere Kosten: Verlust von Freiheit, dort leben zu können, wo man will – gerade für jene, die es sich leisten könnten ihren Wohnort nach ihren Wünschen und nicht nach den Kosten auszusuchen.

Beispiel 1: der Gesellschaftsvertrag

„Machen Sie doch eine GmbH & Co KG", empfiehlt der Steuerberater. Und weil eine GmbH & Co KG eben mehr als einen Gesellschafter braucht, wird ein zweiter Gesellschafter ins Unternehmen genommen. „Eh nur steuerlich", sollte diese Situation für die Beteiligten klären.

Immer wieder stößt man auf Gesellschafterkonstellationen, die vorwiegend aus steuerlichen Gründen gewählt wurden. Als man die Gesellschaftsverhältnisse beschlossen hat, waren die persönlichen Beziehungen intakt. Im Laufe der Zeit haben sich die Lebensumstände und damit Vorstellungen geändert. Ansprüche von einer Seite stoßen auf Unverständnis auf der anderen. Das Miteinander wird schwierig, die eine Seite blockiert Entscheidungen und oft dauert es nicht mehr lange, bis man sich vor Gericht wieder findet. Und dann kommen die Kosten: Rechtsanwälte, Gerichtsgebühren, Sachverständige. Das gesparte Geld wird als mehrfaches als Kosten fällig. Hinzu kommen Ärger und Stress, Angst vor Reputationsverlust und hohe Kosten. Dem Gewinn der Vorjahre stehen möglicherweise höhere Kosten durch einen Rechtsstreit gegenüber.◄

Eltern können den Zeitpunkt abzuwägen, zu dem sie bereit sind, ihren Kindern eine Immobile zu überlassen. Und zusätzlich zum Zeitpunkt, der als steuerlich optimal beurteilt wird, hat es einen Wert, sich darüber klar zu werden, ob es auch persönlich der richtige Zeitpunkt ist. Wie schön, wenn Kinder einen überlassenen Wert als ein von Herzen kommendes Geschenk und nicht nur als Steuerersparnis bekommen.

2.3   Die 5 wichtigsten Botschaften

• Viele Menschen sind noch immer der Überzeugung, dass Finanzentscheidungen rein rationale Verstandesentscheidungen sind.
• Kaum beachtet wird, ob man sich bei der Entscheidung auch wohl fühlt und was das bedeutet.
• Konsequenz: Die Entscheidung war vernünftig, aber man fühlt sich nicht wirklich wohl damit.
• Gute Entscheidungen fallen sowohl mit dem Verstand als auch mit dem Gefühl, da sie die vorhandenen Informationen und persönlichen Werte und Ziele berücksichtigen.
• Dies ermöglicht, eine gute Entscheidung zu treffen, die vernünftig ist und mit der man zufrieden sein kann.

2.4   Reflexion

Erinnern Sie sich bitte an Ihre letzten Finanzentscheidungen. Wie haben Sie diese getroffen? Nur mit dem Verstand oder auch mit dem Gefühl?

Haben Sie jemals eine Finanzentscheidung getroffen, die zwar sachlich korrekt war, bei der Sie aber ein schlechtes Gefühl hatten?

Buchtipps
Zur Vertiefung empfehlen wir Ihnen:

1. Storch, Maja (2011). Das Geheimnis kluger Entscheidungen: Von Bauchgefühl und Körpersignalen. Hogrefe.
2. Gigerenzer, G (2008).: Bauchentscheidungen. Goldmann.
3. Sauerland, M./Gewehr, P. (2017): Entscheidungen erfolgreich treffen: Entscheidungskompetenzen aufbauen und die Angst vor Fehlentscheidungen abbauen. Springer Gabler.

Welche Nachfolgeregelung ist die beste? In welche Aktien soll ich investieren? Sind Schulden aus Steuergründen sinnvoll? Wie bewerten wir solche Situationen? Und was bedeuten diese Bewertungen für unsere Entscheidung?

Wie wir Situationen bewerten
Wir verfügen nach Nobelpreisträger Daniel Kahneman über zwei Bewertungssysteme, mit denen wir etwas bewerten und die Grundlage für Entscheidungen sind:

- **System 1** basiert auf der Tatsache, dass wir Erfahrungen mit deren Ergebnis für unser Wohlergehen als positiv oder negativ abspeichern. Kommen wir in eine uns bekannte Situationen, greift das Gehirn auf diese Bewertung zu und vermittelt uns über ein angenehmes oder unangenehmes Gefühl, ob wir uns erneut für oder gegen etwas entscheiden sollen. System 1 ist immer „online" und prüft ständig alle eingehenden Informationen, ob wir uns in einer Situation wohlfühlen und diese uns ein gutes Gefühl gibt oder nicht. Ist uns ein nachhaltiges Wirtschaften wichtig, werden wir uns mit Interesse „grünen" Investitionen widmen und weniger auf die Rendite schauen.
- **System 2** bezeichnet den kritischen Verstand, mit dem wir Entscheidungen bewusst auf Basis vorhandener Informationen und Argumente treffen. Dieses System bewertet, ob etwas sinnvoll, logisch und korrekt ist. Wie wir uns hierbei fühlen, ist nicht von Interesse. So entscheiden wir uns, unsere Steuererklärung zu machen, obwohl wir uns dabei nicht wohlfühlen. Wir können aber einschätzen, dass wir sie tun müssen, um ein unbeschwertes Leben zu haben.

© Der/die Autor(en), exklusiv lizenziert an Springer Fachmedien Wiesbaden GmbH, ein Teil von Springer Nature 2024
G. Adlmaier-Herbst und G. Hornig, *Gute Finanzentscheidungen*, essentials,
https://doi.org/10.1007/978-3-658-45590-3_3

Tab. 3.1 Eigenschaften von System 1 und 2

	System 1	System 2
Verarbeitungsmodus	unbewusst	bewusst
Geschwindigkeit	schnell	langsam
Informationsverarbeitung	ganzheitlich	sequenziell
Aufwand	energiearm	energiereich
Kommunikationsmodus	bildhaft	sprachlich
Beweglich	kaum flexibel	flexibel
Bewertung	ungenau	genau
Bewertung	mag ich/mag ich nicht	sinnvoll, nützlich, korrekt

In Tab. 3.1 finden Sie weitere Informationen über die beiden Systeme, damit deutlicher wird, welche Rolle sie bei Finanzentscheidungen spielen.

3.1   Vernunft entscheidet

System 2, unser bewusster Verstand, braucht eigentlich keiner weiteren Erklärung: Wir benutzen ständig seine Stärke, nach Abwägung aller rationalen Argumente vernünftig zu entscheiden. Wir erleben die Schwächen dieses System, wenn wir konzentriert bei der Steuererklärung sitzen und nach jeder kleinen Störung aus dem Takt geraten und wieder von vorn beginnen müssen.

Im Gegensatz zu System 1, das Unbewusste, das seine Aufgabe unabhängig von unserer Tagesform oder den äußeren Umständen zuverlässig erfüllt, gleicht der Verstand einem störanfälligen, hochkomplizierten Gerät, das eine gute Wartung braucht und auf optimale Bedingungen angewiesen ist. So funktioniert der Verstand weniger oder gar nicht, wenn wir zum Beispiel über- oder unterfordert sind, hungrig oder müde oder gar im Stress. Liegen optimale Bedingungen vor, kann der Verstand blitzgescheite Ideen haben, aufs Millionstel genau rechnen und scharf analysieren.

Der Verstand arbeitet langsam. Er muss aktiv werden und die einzelnen Aspekte nacheinander abwägen; es dauert, bis er sich eine Meinung zu einer Situation gebildet und bewertet hat. Wenn Sie jedoch etwas mit dem Verstand erfasst haben, können Sie sich mittels Sprache klar und deutlich zu einem Ergebnis äußern und dieses auch vertreten. Die Bewertung des Verstandes erfolgt sachlich nach den Kriterien richtig oder falsch.

Zur Arbeitsweise des Verstandes gehört, dass er Informationen seriell ver-
arbeitet, er kann also immer nur eine Sache nach der anderen bedenken. Dies
ermöglicht auch, dass wir unsere gesamte Aufmerksamkeit und Konzentration
auf eine Sache richten.

▷   System 2 bewertet rational nach den Kriterien „richtig" oder „fal-
      sch"– aber ohne Beteiligung von Gefühlen.

3.2 Wohlbefinden entscheidet

In jeder Sekunde unseres Lebens bewertet System 1 unser momentanes Befinden.
Hierbei ist es egal, in welcher Situation wir uns gerade befinden – sei es beim
Aufstehen in der Früh, beim Verlassen des Hauses oder bei der Arbeit. Unser
Unbewusstes vergleicht das gerade Erlebte mit bereits Bekanntem und bewertet es
unter dem Aspekt „gut für mich" oder „schlecht für mich". Ein Beispiel: Sie sind
bei der Arbeit und konzentrieren sich. Währenddessen zeichnet das Unbewusste
unaufhörlich die verschiedenen Dinge auf, die sie bewusst gar nicht wahrnehmen:
die Sitzposition, die Atmung, das Wohlbefinden. Erst wenn der Blutzuckerspiegel
stark abgesunken ist und ihnen ein Hungergefühl schickt, bemerken sie es. Jetzt
wird ihr Verstand darauf aufmerksam, der sich überlegt, wie sie darauf reagieren
sollten und der über mögliche Handlungsoptionen nachdenkt. Also sofort etwas
essen oder nur etwas trinken und noch bis zum Mittagessen warten.

Das Unbewusste arbeitet schnell – wie schnell, können Sie zum Beispiel hier
beobachten: Überfliegen Sie in der Früh, nachdem Sie ihren Laptop eingeschal-
ten haben, Ihre Mails und konzentrieren sich darauf, was diese Informationen bei
Ihnen auslösen. Freude darüber, endlich eine Antwort zu bekommen, Stress, weil
ein Angebot wieder abgelehnt wurde oder Ärger über eine Nachfrage zu etwas,
was Sie bereits erledigt zu haben glaubten. Im Normalfall sind diese Reaktio-
nen unter der Wahrnehmungsschwelle. Erst wenn ein Reiz eine gewisse Stärke
erreicht hat, bemerken wir ihn.

Geschieht etwas, ist innerhalb von 200 Millisekunden eine Bewertung aus
dem Unbewussten da. Im Moment ihres Entstehens können Sie diese Bewertungen allerdings noch nicht in Sprache fassen. Das Unbewusste schickt Ihnen
die Bewertung mittels eines diffusen Gefühls, das eine subjektive Bewertung im
Sinne von „mag ich/mag ich nicht" darstellt. Viele Menschen wissen nicht, was
sie mir ihrem Gefühl „mag ich/mag ich nicht" anfangen sollen, was es bedeutet,

wie es zu verstehen ist und welche Rolle es einnimmt, wenn es um eine gute
Entscheidung geht.

▶   System 1 sorgt dafür, dass wir uns auch mit einer Lösung gut füh-
    len. Nur das Einbeziehen von System 1 kann einen Zustand von
    Zufriedenheit und Wohlbefinden herstellen.

Bedeutung für Entscheidungen

In einem Buch über wirtschaftliche Entscheidungen ist das Thema des Unbewussten
noch immer ein Fremdkörper. Obwohl immer mehr Menschen es wissen und auch
immer mehr ManagerInnen in Interviews erwähnen, dass sie auch auf ihr Bauchgefühl hören, gehen viele Menschen lieber davon aus, dass sie ihre Entscheidungen
rational fällen. Von „Bauchgefühl" zu sprechen ist übrigens zu eng gefasst, denn die
Körpersignale können auch ein Klos im Hals, ein Schauer über den Rücken oder
ein leichter Stich im Herzen sein.

Das Unbewusste hat jedoch einen sehr großen Einfluss auf unser Verhalten
und kann einerseits Störfaktor, andererseits auch wertvoller Ratgeber bei Entscheidungen sein. Erst mit dem Wissen darüber, was Ihr Unbewusstes zu einem
bestimmten Vorhaben in Ihrem Leben zu sagen hat, können sie eine für Sie
persönlich erfolgreiche Strategie entwickeln und gute Entscheidungen treffen.

Zum Glück sind die Zeiten fast vorbei, als man noch in die Esoterik-Ecke
gedrängt wurde, wenn man vom Unbewussten gesprochen hat. Spätestens nach
dem Erscheinen des Buchs von Daniel Kahnemann „Thinking, fast and slow",
der für seine Arbeiten den Wirtschaftsnobelpreis und viel Aufmerksamkeit bekommen hat, wissen wir, dass wir nicht nur rein rational entscheiden, sondern dass das
Unbewusste einen großen Einfluss auf unsere Entscheidungen hat. Wie entsteht das
Unbewusste?

Die Entwicklung des Unbewussten

Bereits im Mutterleib werden Erfahrungen, Erlebnisse und Eindrücke gesammelt
und als Bilder, Gerüche, Geräusche und Gefühle gespeichert. Das Unbewusste
wird so zu unserem persönlichen Wissensspeicher und hat deshalb maßgeblich
Einfluss auf unser Verhalten und unsere Entscheidungen. Das Unbewusste verfügt
über eine parallele Informationsverarbeitung, das bedeutet, dass es ist in der Lage,
innerhalb von Sekundenbruchteilen Informationen zu einem Thema aus allen Teil-
speichern unseres Gehirns abzurufen. Somit kommen aus dem Unbewussten die
Hauptinformationen für mögliche persönliche Entscheidungsoptionen.

Ein Beispiel: Unser Verhalten ist nicht jederzeit gleich: Wir sind abhängig von vielen Einflüssen wie unserer Stimmung, von den Menschen, die uns umgeben, dem Ort und der Zeit. Wir müssen also ständig viele Faktoren erkennen und abwägen, zuordnen und berechnen, um dann mit einem möglichst angemessenen Verhalten zu reagieren – und dies innerhalb weniger Augenblicke. Das alles erledigt das Unbewusste nahezu unmerklich für uns.

Wichtig für unser Thema: Das Unbewusste teilt sich weder über Sprache noch über bewusste, klare Gedanken mit. Stattdessen schickt es uns einen Verhaltensvorschlag über unser Gefühl oder eine Körperempfindung, die für uns beispielsweise als mulmiges Gefühl im Bauch oder Freude im Herzen wahrgenommen und beschrieben werden könnte.

▶ Das Unbewusste ist nicht sprachfähig. Es schickt Signale in Form von Gefühlen und Körperempfindungen, die wir umgangssprachlich als „Bauchgefühl" bezeichnen.

Mit diesen Signalen kommentiert das Unbewusste die Situation, unsere Rolle dabei und den möglichen Ausgang der Situation. Die Kommentare sind das Ergebnis sämtlicher Erfahrungen, die wir im Leben zu diesem Thema bereits gemacht und gespeichert haben. Aus diesem Grund wird das Unbewusste auch als emotionales Erfahrungsgedächtnis bezeichnet. In ihm ruht ein schier unerschöpflicher Speicher an persönlicher Erfahrung und an Wissen darüber, womit wir gute oder schlechte Erfahrungen gemacht haben. Die Aufgabe unseres emotionalen Erfahrungsgedächtnisses ist es, uns möglichst sicher und wohlbehalten auf bewährten Pfaden durch das Leben zu führen.

System 1 ist auch sehr sozial: Wenn Sie zum Beispiel keine große Lust haben, auf ein Fest zu gehen, und sich überlegen, ohne Angabe von Gründen fernzubleiben, kann ein schlechtes Gewissen auslösen, weil Sie damit rechnen, dass dieses Verhalten von anderen als unhöflich eingestuft wird. Das schlechte Gewissen ist kein angenehmes Gefühl und Ihre Entscheidung beruht möglicherweise alleine auf dem Wunsch, dieses Gefühl zu vermeiden. Worauf sollten wir also noch achten, wenn wir Entscheidungen treffen müssen?

▶ System 1 denkt sozial und berücksichtigt Erfahrungen und die Werte, die Ihnen wichtig sind.

3.3   Optimales Zusammenspiel

Ich kann mich zusammenreißen und den inneren Schweinehund bekämpfen –
oder auf die eigenen Bauchsignale hören, dann Kopf und Bauch befragen, um
zu einer Entscheidung zu kommen, mit der es mir gut geht und die mir gefällt.
Viele Menschen entscheiden sich jedoch dafür, ihren „inneren Schweinehund"
zu bezwingen, dies wird in der Psychologie Selbstkontrolle genannt: Sie beißen
die Zähne zusammen, reißen sich am Riemen, ziehen etwas durch, obwohl ihr
Bauch SOS funkt. Wenn Sie über einen langen Zeitraum Ihre Bauchsignale unter-
drücken, entsteht Stress. Studien zufolge macht dies auf Dauer krank. Welche
Alternativen gibt es stattdessen?

Grundsätzlich gibt es drei Strategien zur Steuerung der Systeme: Impulsivität, Selbstkontrolle und Selbstregulation. Je nachdem, welches System bei der
Entscheidung die Oberhand hat, können wir Entscheidungen einteilen nach:

1. Impulsivität: System 1 hat die Oberhand
2. Selbstkontrolle: System 2 hat die Oberhand
3. Selbstregulation: Beide Systeme sind miteinander verbunden und synchroni-
   siert.

Impulsivität

Bei der Impulsivität hat System 1 das Ruder in der Hand: Das gute Gefühl entscheidet. Wir überlegen und prüfen nicht kritisch, ob uns eine Handlung schaden
könnte – im einfachsten Fall durch einen Konflikt oder im ungünstigsten Fall durch
ein hohes Risiko, dass wir eingehen. Wenn jemand lieber einen freien Tag am
Badesee einlegt, statt am brisanten Projektbericht zu sitzen, dann handelt die Person impulsiv. Warum handelt System 1 so, obwohl wir es hinterher bedauern und
unsere Unvernunft beklagen?

System 1 ist darauf konzentriert, dass es uns hier und jetzt gutgeht: Wir wollen
Schokolade genießen, auf der Couch sitzen, statt an der nächsten Steuererklärung
zu arbeiten. Hingegen kann unser Verstand in die Zukunft planen und den Urlaub
am Badesee erst vorsehen, wenn der aktuelle Auftrag beendet ist.

Selbstkontrolle

Bei der Selbstkontrolle hat System 2 die Oberhand: Wir streben ein Ziel an, das zwar
vernünftig ist, aber durch unser Unbewusstes nicht unterstützt wird. Bei der Selbstkontrolle wägt eine Person nicht mehr ab, sondern sie hat sich schon entschieden.
Sie ist nicht flexibel, sondern entschieden: „Ich möchte jetzt den Vertrag aufsetzen,
das ist sinnvoll und es ist richtig und ich mache das jetzt." Allerdings unterdrückt

die Person hierbei eigene lebendige Bedürfnisse, um schlechte Konsequenzen
aus dem Weg zu gehen, wie einem verpassten Abgabetermin. Selbstkontrolle ist
dann gemeint, wenn wir uns „Mühe geben", „uns zusammenreißen", „diszipliniert
sind" und „den inneren Schweinehund bekämpfen". Warum spricht vieles gegen
Selbstkontrolle?

Selbstkontrolle kostet viel Energie: Übernimmt der Verstand unsere Entscheidungen, ist dies anstrengend und energieaufwendig, was wir daran sehen können,
wenn wir uns immer wieder bewusst an unsere Absicht erinnern müssen („Ich muss
noch ...", „Ich wollte doch ..."). Die Selbstkontrolle ist wie ein Alarmsystem für
unsere Psyche: Wir müssen immer wachsam bleiben, uns immer auf das Ziel konzentrieren. Das ist anstrengend und kaum lange durchzuhalten, wie jeder weiß,
der sich zwingt, jeden Tag diszipliniert am Schreibtisch zu sitzen, um die neues-
ten Daten auszuwerten. Die Kontrolle muss immer stärker werden, weil wir immer
schwächer werden, damit sie funktioniert – es kostet also sehr viel Energie. Experten
schätzen, dass wir beim angestrengten Nachdenken bis zu 80 % unserer gesamten
Körperenergie verbrennen.

Ein weiterer Aspekt spricht gegen die Kontrolle durch den Verstand (Storch und
Krause 2022): Für Selbstkontrolle braucht der Verstand optimale Arbeitsbedingun-
gen. Selbstkontrolle versagt sehr schnell bei

- **Überlastung der kognitiven Kapazität,** also, wenn wir schwierige Aufgaben
  lösen müssen, viel um die Ohren haben, mehrere Dinge gleichzeitig beachten
  müssen
- **Zu wenig Erregung:** Langeweile, Unterforderung
- **Zu viel Erregung:** starke Gefühle wie Ärger, Wut, Angst, Sorge und Euphorie
- **Starke Reizumwelt:** Ablenkungen und Verführung zu alternativen Handlungen
- **Mangelnde Befriedigung** von Grundbedürfnissen wie Schlafmangel, Hunger,
  Durst, zu wenig Freunde und Beziehungen, zu wenig Lebenssinn, zu wenig
  Freiheit.

Wie Sie sehen können, treten diese Störbedingungen im Alltag sehr oft auf. Ergebnis:
Was wir uns mit unserem Verstand vorgenommen haben, schlägt auf Dauer fehl.

Wenn Sie versuchen, ein Ziel gegen Ihr System 1 umzusetzen und hierbei län-
gere Zeit gegen Ihr Unbewusstes ankämpfen, werden Sie scheitern, das Gefühl der
Entfremdung von der eigenen Persönlichkeit erleben und sich unwohl fühlen, was
bis zum Burnout und zur Depression führen kann.

Was ist die Alternative? Immer wenn Sie eine Entscheidung zu treffen haben,
erhalten Sie sowohl vom Verstand als auch vom Unbewussten durch Gefühle eine

Bewertung und damit einhergehend einen Handlungsvorschlag: tun oder lassen. Daher unser Tipp:

▶ Erst Informationen über die neue Situation sammeln und abwägen, dann entscheiden, wenn sich ein gutes Gefühl einstellt. Dieses gute Gefühl kommt daher, dass wir nicht gegen frühere (schlechte) Erfahrungen handeln und weil wir die Situation kritisch analysiert haben.

Das gute Gefühl im Fall einer Entscheidung kommt also daher, dass wir die unbewusste Bewertung aus dem emotionalen Erfahrungsgedächtnis und die kritische Prüfung durch den Verstand kombinieren und zu einem übereinstimmenden Ergebnis kommen.

Beispiel

Als Karla S. sich selbständig macht, muss sie sich mit ihren Steuern beschäftigen. Ihr Steuerberater meint, dass es eine gute Idee wäre, eine GmbH zu gründen. Karla S. hat Bedenken: eine Kapitalgesellschaft zu gründen und, Gesellschafterin einer Kapitalgesellschaft zu sein, überfordert sie. Der Steuerberater hat rationale Gründe: begrenzte Haftung, geringere Steuern. Karla S. hat aber auch ihr ungutes Gefühl. Was tun? Karla S. tut gut daran, ihre Gefühle nicht zu ignorieren, denn sie sind ein Hinweis ihres Unbewussten: Dies meldet sich mit einem unguten Gefühl als Hinweis darauf, dass am Vorschlag ihres Steuerberaters für sie etwas nicht passt. Um zu einer guten Entscheidung zu kommen, sollten weder die rationalen Argumente noch das Gefühl allein entscheiden; für die gute Entscheidung sollten beide Systeme so zusammenwirken, dass Klare S. ihre Entscheidung nicht nur logisch findet, sondern sich damit auch wohl fühlt. ◄

Beide Systeme sollten bei einem Anliegen mit im Boot sein – Verstand und Unbewusstes arbeiten gemeinsam in dieselbe Richtung. Hierbei gilt es, den Konsens zu bilden aus Anforderungen der Realität und den eigenen Bedürfnissen und Motiven. Sie können es auch so sagen: Ich trete ein in Verhandlungen zwischen dem, was ich mir wünsche und wonach meinem Gefühl ist (System 1), und dem, was ich mir vornehme, weil es mein Verstand sagt (System 2). Ich verhandele das in mir und finde Kompromisse – schließe gewissermaßen Deals ab.

▶ „Gut entscheiden heißt: Inhalte aus dem emotionalen Erfahrungsgedächtnis und bewusste Verstandestätigkeit miteinander zu koordinie-
ren." (Storch 2005, S. 62).

3.4 Die 5 wichtigsten Botschaften

- Entscheidungen basieren auf Bewertungen. Für diese Bewertungen haben wir
  zwei Systeme: Eines prüft, ob eine Entscheidung vernünftig ist, das andere,
  ob wir uns mit einer Entscheidung wohlfühlen.
- Nur auf rationale Gründe zu setzen kann dazu führen, dass wir uns mit einer
  Entscheidung nicht wohlfühlen.
- Nur auf unser Wohlfühlen zu achten, kann dazu führen, korrekte kritische
  Einwände gegen einer Entscheidung zu ignorieren.
- Die optimale Nutzung beider Systeme bedeutet, Informationen zu sammeln,
  Gründe abzuleiten und die vorhandenen Gefühle einzubeziehen.
- Die Einbeziehung von Gefühlen stellt sicher, dass wir mit einer Entscheidung
  gut leben können.

3.5 Reflexion

Erinnern Sie sich an frühere Finanzentscheidungen zurück: Gab es eine, die nur
auf Basis guter Gründe zustande gekommen ist? Für die es zwar überzeugende
Argumente gab, bei der Sie aber kein gutes Gefühl hatten und auf die sogar Ihr
Körper mit einem Signal reagiert hat – wie z. B. ein schlechtes Bauchgefühl?

Buchtipps
Zur Vertiefung empfehlen wir Ihnen:

1. Bargh, J. (2018): Vor dem Denken: Wie das Unbewusste uns steuert. Droemer.
2. Gigerenzer, G. (2008): Bauchentscheidungen. Die Intelligenz des Unbewussten.
   C. Bertelsmann.
3. Kahneman, D. (2012): Schnelles und langsames Denken. Penguin.
4. Dijksterhuis, A (2010).: Das kluge Unbewusste: Denken mit Gefühl und Intuitio.
   Klett-Kotta.

Wie wir entscheiden 4

4.1 Ziel: Gefahren minimieren und Belohnungen maximieren

System 1 unseres Gehirns funktioniert nach zwei Grundprinzipien: Schlechtes zu meiden („Nein, lass das!") und Gutes zu finden („Ja, tue das!"). Gefahren zu meiden ist Aufgabe des Bestrafungssystems, Belohnungen zu finden, Aufgabe des Belohnungssystems. Suchen und meiden findet also in zwei Systemen statt. Beide Systeme sind nicht gleichwertig, denn es ist für das Überleben wichtiger, Gefahren zu meiden, statt sich um das Wohlergehen zu kümmern.

▶ Alle unsere Handlungen basieren auf dem Prinzip des Gehirns, Gefahren zu minimieren und Belohnungen zu maximieren. Das Organisationsprinzip des Gehirns lautet demnach: minimale Gefahr, maximaler Lohn.

Das Bestrafungssystem hat die Aufgabe, Dinge zu erkennen, die wir nicht mögen, die uns nicht guttun. In Fall einer Entscheidung kommt aus diesem System das Signal: „Nein, lass es bleiben. Du wirst es nicht mögen. Es wird Dir nicht guttun". Das Belohnungssystem steuert unser Handeln, indem es gute Gefühle auslöst, wenn wir die Konsequenzen einer Entscheidung als positiv für uns einschätzen. Das Belohnungssystem sorgt dafür, dass wir Vorfreude empfinden, wenn wir an ein bevorstehendes Erlebnis denken. Besonders aktiv ist unser Belohnungssystem, wenn unsere Erwartungen übertroffen sind; umgekehrt fällt die Erregung im Belohnungssystem ab, wenn wir enttäuscht sind – wenn uns eine Kollegin eine wichtige Unterstützung versagt, um die wir sie gebeten hatten. So etwas vergessen wir nicht. Warum sind die beiden Systeme wichtig für Finanzentscheidungen?

© Der/die Autor(en), exklusiv lizenziert an Springer Fachmedien Wiesbaden GmbH, ein Teil von Springer Nature 2024
G. Adlmaier-Herbst und G. Hornig, *Gute Finanzentscheidungen*, essentials, https://doi.org/10.1007/978-3-658-45590-3_4

4.2   Frühere Erfahrungen nutzen

Finanzentscheidung sind immer Zukunftsentscheidungen. Um die Konsequenzen unserer Entscheidung und damit unseres Handeln einschätzen zu können, greifen wir erst einmal auf Erfahrungen zurück. Dies ist möglich, da alle wichtigen Erfahrungen in unserem Gedächtnis abgelegt sind, damit wir sie bei späteren Entscheidungen heranziehen können.

▶   Unser psychisches System ist somit ein riesiger, enorm wertvoller Erfahrungsspeicher, den wir unser Leben lang füllen. Nicht umsonst sprechen wir von „Erfahrungsschatz". Erfahrungen soll unser Gehirn nutzen, damit es uns gut geht im Leben und wir uns wohl fühlen.

Im Lauf unseres Lebens sammeln wir eine große Anzahl von Erfahrungen und lernen auch aus Erfahrungen, die wir bei anderen Menschen beobachten. Mit diesem Erfahrungsschatz gehen wir in die Zukunft – unser Gehirn organisiert unser Leben also auf Grundlage unserer eigenen Biografie.

Konkret gelingt dies unserem Gehirn, indem es unsere Erfahrungen mit einer Bewertung ablegt, ob sie uns gutgetan hat oder nicht – dies kann reichen von Vergnügen und Lust bis hin zu Ärger und Unlust. So entwickelt sich unser emotionales Erfahrungsgedächtnis weiter. Außerdem speichern unsere Erinnerungen das Körpergefühl ab, das wir beim Erlebnis hatten. Stehen wir vor einer Entscheidung oder planen wir eine Handlung, ruft unser Gehirn dieses Wissen ab. So können uns Gefühle vor Handlungen warnen und unser Handeln ausrichten. Unsere Erfahrungen und unser Handeln sind eng verbunden.

In einer Entscheidungssituation durchsucht unser Gehirn die gesamte Erfahrungsbibliothek unseres Lebens nach Erfahrungen, die wir ähnlich schon einmal erlebt haben. Unser Gehirn sucht also nicht eine identische Entscheidung, sondern eine ähnliche. Es gilt das Assoziationsprinzip:

• Habe ich schon einmal vor einer solchen Entscheidung gestanden (kognitiv)?
• Wie haben sich die Konsequenzen angefühlt (affektiv)?
• Wie hat mein Körper reagiert – war ein Körpergefühl (Bauchgefühl) vorhanden? (somatisch)?
• Wie habe ich mich seinerzeit verhalten (konativ)?

Sobald wir vor einer Entscheidung stehen, erzeugt unser Gehirn Vorstellungsbilder, die wie innere Filme ablaufen. Diese inneren Filme laufen fast gleichzeitig ab und sie sind uns unbewusst. Die inneren Filme vergleicht unser Gehirn mit ähnlichen Situationen aus unserem Erfahrungsschatz, den unser emotionales Erfahrungsgedächtnis gesammelt hat. Findet es eine vergleichbare Situation, löst es blitzschnell und automatisch die damit verbundene Bewertung in uns aus. Das Ziel: gute Erfahrungen zu wiederholen, schlechte möglichst zu meiden.

Dimensionen von Erfahrungen

- In welcher Situation habe ich diese oder eine ähnliche Erfahrung gemacht?
- Wie habe ich mich damals gefühlt?
- Wie hat mein Körper reagiert (Bauchgefühl, Puls, Blutdruck, Haltung etc.)?
- Wie habe ich mich verhalten: Habe ich mich für oder dagegen entschieden?

Markierung von Erlebnissen mit Körperzuständen

Wir speichern aber nicht nur Gefühle mit unseren Erinnerungen, sondern darüber hinaus stellt sich beim Abruf der Erinnerung ein Körpergefühl ein. Diese Körpersignale hat der Neurowissenschaftler Antonia Damasio (2007) „Somatische Marker" genannt. „Soma" ist Griechisch und bedeutet „Körper". Weil die Körpersignale ein bestimmtes Szenario als gut oder schlecht „markieren", bezeichnet sie Damasio als „Marker". Wenn nun ein vergleichbares Szenario gefunden wird, das mit einem negativen Ergebnis gekoppelt ist, entsteht eine unangenehme Empfindung. Diese kann sich durch einen Kloß im Hals, ein Druck im Magen, zittrige Knie oder Schweiß an den Händen äußern.

Damasio geht davon aus, dass emotionale Erfahrungen im Menschen verkörpert sind und so Entscheidungen beeinflussen. Beispiel: Beim Gedanken, eine Immobilie zu verkaufen, kann das Gefühl eines Schauer auslösen, der über den Rücken läuft, er kann unser Blut in Wallung versetzen oder ein warmes, wohliges Gefühl im Bauch auslösen. Somatische Marker wirken meist unbewusst und zeigen sich als diffuse Gefühle („Ich hatte einfach ein komisches Gefühl."). Die Marker können sich blitzschnell zeigen – schon in 200 Millisekunden, das ist die Zeit eines Augenblinzelns („Ich hatte sofort einen Stich in der Brust.").

Somatische Marker werden von jedem Menschen anders wahrgenommen: Sie wissen selbst am besten, wie sich bei Ihnen ein negativer Somatischer Marker anfühlt. Aufgrund der Erfahrung mit bereits gemachten Situationen lautet der Vorschlag aus dem Unbewussten demnach: Vermeidung. Das letzte Mal ist die Geschichte nicht gut ausgegangen, also schleunigst weg von hier. Psychologisch gesprochen löst der Somatische Marker in diesem Fall ein Aversionsverhalten aus. Wird hingegen in Ihrem Pool an abgespeicherten Erfahrungen ein vergleichbares Szenario gefunden, das mit einem positiven Ergebnis gekoppelt ist, entsteht eine angenehme Empfindung. Beispielsweise ein Gefühl wohliger Wärme im Bauch,

Tab. 4.1 Somatische Marker. (Quelle: Adlmaier-Herbst/Mayer 2022)

Gefühls-Komponente		Körperliche Komponente	
Positiv	Negativ	Positiv	Negativ
„Ich fühle mich gut"	„Ich bin traurig"	Warmes Gefühl im Bauch	Enge in der Brust
„Ich bin glücklich"	„Ich bin wütend"	Gefühl von Leichtigkeit	Verspannung im Nacken

leichtes Herzklopfen oder ein angenehmes Kribbeln auf der Haut. Der Vorschlag aus dem Unbewussten zu der vorliegenden Situation lautet, sich der Sache anzunähern. Annäherungsverhalten wird ausgelöst. Das letzte Mal war es super, also gern wieder. Die somatischen Marker machen uns also einen Vorschlag, ob etwas aufgrund unserer Erfahrungen für unser Wohlbefinden förderlich ist oder ob wir besser die Finger davon lassen sollen (vgl. Tab. 4.1).

Somatische Marker sind persönliche Ratgeber, denn Erfahrungen im Leben sind individuell. Dies ist der Grund, warum gut gemeinte Ratschläge von anderen für uns nicht immer nützlich sind, denn wir haben zu dieser Situation vielleicht eine ganz andere Erfahrung gemacht als der Ratgebende. Mit dem Wissen über die Funktion unseres Organismus ergibt sich ein wichtiger Grundsatz, um mit den somatischen Markern zuverlässig arbeiten zu können:

▶   Wir müssen die Signale unseres Körpers wahrnehmen und sie im Kontext richtig deuten, um damit bewusst arbeiten zu können.

Entscheiden mit Somatischen Markern
Wie läuft der Entscheidungsprozess mithilfe der Somatischen Marker ab? Stehen wir vor einer Entscheidung, stellt sich das Gehirn vor, wie sich die Entscheidung körperlich anfühlt, wenn wir die Entscheidung in die Tat umsetzen:

> „Jedes Mal, wenn eine Handlung geplant oder realisiert wird, treten im Gehirn Nervenzellennetze in Aktion, die registrieren, wie sich ihre Umsetzung in die Tat körperlich anfühlen würde" (Bauer 2005, S 41).

Um sicherzugehen, dass wir eine gute Entscheidung treffen, lassen wir also das zu erwartende Gefühl der Folgen einer Entscheidung in uns entstehen („Wie werde ich mich fühlen…"). Damasio schreibt, dass diese Vorstellungen nur Schlüsselbilder dieser Szenen aufblitzen lassen. Wenn nun das unerwünschte Ergebnis der Entscheidung in unserer Vorstellung auftaucht, erscheint gleichzeitig und kurz eine unangenehme Empfindung im Körper, zum Beispiel im Bauch. In dieser Situation greift das Gehirn blitzschnell auf Erfahrungen zurück, wenn diese vorhanden sind. Weisen diese Erfahrungen samt der damit gespeicherten Körperzustände darauf hin, dass eine geplante Handlung unangenehme Folgen haben könnte, werden wir die Handlung meiden. So helfen uns die Somatischen Marker, aus einer Vielzahl von Möglichkeiten, eine erste spontane Entscheidung zu treffen. Diese Entscheidung sollten können wir selbstverständlich mit System 2, dem Verstand und somit rationalen Argumenten gründlich und kritisch prüfen.

Fazit: Somatische Marker weisen uns darauf hin, dass eine geplante Handlung unangenehme Folgen für uns haben könnte. Genauso markieren wir positive Vorstellungen mit Somatischen Markern. Die Erkenntnisse über somatische Marker zeigen, dass ein Kribbeln im Bauch oder ein Zittern im Knie Entscheidungen stärker beeinflussen könnten als ein Berg von Informationen. Doch oft beziehen wir unser Bauchgefühl nicht in Entscheidungen mit ein, mit der Folge, dass wir unzufrieden mit der Entscheidung sind.

4.3 Künftige Erwartungen bilden

Für Entscheidungen nehmen wir auf der Grundlage unserer Erfahrungen das Ergebnis unseres Handelns vorweg. „Entscheiden ist immer auch voraussehen." (Pöppel 2008, S. 45). Wir fragen uns, wie wir uns dann fühlen würden.

▶   Unser Gehirn ist eine Vorhersagemaschine, die Konsequenzen aus unserem Handeln einschätzt und auf dieser Basis entscheidet.

Entscheidungen entstehen also anhand der Wahrscheinlichkeit, dass wir etwas Gewünschtes bekommen werden und dem Maß an Wohlbefinden, das uns dieses Gewünschte verspricht: „Wie werde ich mich fühlen, wenn ich meiner Tochter die Firma übergebe? Und wie, wenn dies nicht tue?

Erwartungen

- Wie werde ich mich fühlen?
- Wie werde ich auf andere wirken?
- Bewertung anhand von Erfahrungen

Tab. 4.2 Erfahrungen und Erwartungen als. (Quellen: von Entscheidungen)

Erfahrungen	Erwartungen
Habe ich das schon mal so ähnlich erlebt?	Wie werde ich mich fühlen?
Mit welchen Menschen war ich zusammen?	Wie werde ich auf andere wirken?
Wie habe ich mich dabei gefühlt?	Bewertung anhand von Erfahrungen

Da wir ein soziales Gehirn haben, kann es sich auch fragen, wie wir auf andere wirken würden, wenn wir handeln. Für diese Prüfung versuchen Menschen das zu erwartende Erlebnis körperlich kurzzeitig herzustellen, um das Risiko zu meiden, falsch zu entscheiden.

Fazit
Quellen unserer Entscheidungen sind Erfahrungen und Erwartungen, wie sie in Tab. 4.2 aufgeführt werden. Verbunden damit sind Gefühle. Welche Gefühle können dies sein, die uns zum Handeln bringen? Werfen wir als nächstes einen Blick in die Motivations- und Persönlichkeitsforschung, die basale Antriebssysteme des Menschen untersucht.

4.4   Die 5 wichtigsten Botschaften

- In System 1 befinden sich das Belohnungssystem und das Bestrafungssystem. Die beiden Systeme bewerten, ob wir auf etwas zugehen, weil es uns guttut, oder von etwas weggehen, weil wir es nicht mögen. Für Finanzentscheidungen sollten wir beide Systeme berücksichtigen.
- Bei Entscheidungen bilden wir Erwartungen an positive oder negative Konsequenzen einer Handlung.
- Besonders starke Gefühle haben wir, wenn ein Ereignis unsere Erwartungen übertrifft (positiv) oder unsere Erwartungen enttäuscht (negativ). Beides merkt sich unser System besonders gut.
- Beim Bilden von Erwartungen greifen wir auf bisherige Erfahrungen zurück. Diese können als Somatische Marker unserem Bewusstsein zugänglich sein.
- Bei der Auswahl aus mehreren Alternativen wählen wir jene, von der wir uns die größte Zielerreichung für uns versprechen.

4.5 Reflexion

Somatogramm: Denken Sie zuerst an eine positive Situation und versuchen Sie, die Auswirkungen auf ihren Körper (Somatische Marker) zu spüren. Wie zeigt sich die Reaktion der somatischen Marker? An welcher Stelle? Wie stark? Welche Farbe hätte der Marker? Welche Größe? Machen Sie das gleiche für eine negative Situation.

Was gute Gefühle bei Entscheidungen auslöst

5.1 Unsere Handlungsantriebe

Denken, Fühlen und Handeln von Menschen sind durch deren persönliche Motive bestimmt. Dies betrifft auch Finanzentscheidungen. Ein Beispiel: Sind einer Person Nähe und Harmonie sehr wichtig, kann dies eine Finanzentscheidung beeinflussen. Motive sind Handlungsantriebe, sie werden auch Bedürfnis, Wunsch, Strebung oder Drang genannt. Sie entstehen in frühester Jugend und bleiben zeitlebens ziemlich stabil.

Vier Motivsysteme gibt es: Beziehung, Leistung, Macht und Freiheit. Beziehung ist das Streben nach sozialem Kontakt und geglückten Bindungen; Leistung ist der Antrieb, Herausforderungen zu meistern; Macht ist der Antrieb, etwas bewegen zu wollen. Das Freiheitsmotiv ist das Bedürfnis nach freiem Selbstsein.

Motivation kann dann entstehen, wenn in einer Situation, zum Beispiel einer Finanzentscheidung, eines oder mehrere dieser Motivsysteme angeregt sind. Dies kann zu einer Handlung führen. Schauen wir uns die vier Motive genauer an:

Die vier Motivsysteme des Menschen

- Beziehungsmotiv
- Leistungsmotiv
- Machtmotiv
- Freiheitsmotiv

G. Adlmaier-Herbst und G. Hornig, *Gute Finanzentscheidungen*, essentials, https://doi.org/10.1007/978-3-658-45590-3_5

Gute Beziehung – Beziehungsmotiv

Das Beziehungsmotiv steht für den Wunsch nach sozialen Kontakten, neuen Bekanntschaften und Freundschaften. Motivierend sind Aufbau, Aufrechterhaltung und Wiederherstellung von Bezogenheit, Nähe, persönlicher Begegnung und freundschaftlichen Beziehungen zu anderen Menschen. Beziehungsmotivierte suchen Geborgenheit, Wärme, Sicherheit, Herzlichkeit und Freundlichkeit. Sie meiden Unsicherheit und Angst. Es ist ihnen besonders wichtig, dass eine gute Stimmung in ihrem Umfeld herrscht. Typische Aussagen sind:

- Die gute Stimmung in meiner Familie ist mir wichtig.
- Ich bin gern mit anderen Menschen zusammen und genieße die Kommunikation mit ihnen.
- Andere Menschen können mir Sicherheit und Geborgenheit geben.
- Ich suche mir gern die Leute aus, mit denen ich zusammen sein möchte.
- Gutes Klima mit anderen ist mir wichtig.

Herausforderungen meistern – Leistungsmotiv

Menschen mit einem ausgeprägten Leistungsmotiv sind neugierig, sie wollen Dinge erforschen, Neues lernen und ihre Kompetenzen erweitern. Sie vergleichen ihre Leistung gerne mit vorangehenden eigenen Resultaten (innerer Gütemaßstab) oder mit Konkurrenten/Mitspielern (äußerer Gütemaßstab). Es ist ihnen wichtig, dass etwas gelingt. Leistungsmotivierte stellen sich Herausforderungen, bei denen sie sich bewähren können und möglichst nicht versagen. Anreize sind selbständiges Lösen schwieriger Aufgaben, was Stolz und Zufriedenheit auslöst. Der Leistungstyp meidet Beschämung und Niedergeschlagenheit durch Misserfolg. Typische Aussagen:

- Ich liebe neue Herausforderungen.
- Ich bin vermutlich genau die richtige Person für diese schwierige Aufgabe.
- Ich will immer besser werden.
- Wenn ich weniger Fehler mache als beim letzten Mal, dann ist das ein Erfolg.
- Ich entwickele meine eigene Methode, um diese Aufgabe zu lösen.

Machtmotiv – Einfluss nehmen

Machtmotivierte lieben es, etwas zu bewegen. Machtmotivierte streben nach Einfluss auf andere oder die Situation. Man sucht aktiv nach der Übernahme von Verantwortung und möchte die Richtung in Gruppen vorgeben. Der Machtorientierte lässt sich durch Tätigkeiten motivieren, die er mit viel Energie, Durchsetzungskraft und Beharrlichkeit angehen kann – auch bei Widrigkeiten. Typische Aussagen sind:

- Ich habe gern Einfluss auf andere Menschen.
- Ich möchte die Verantwortung für diese Aufgabe selbst übernehmen.
- Ich möchte etwas bewegen in der Welt.
- Ich genieße es, anderen Menschen mein Wissen weiterzugeben.

Selbstbestimmt leben – Freiheitsmotiv
Das Freiheitsmotiv steht für Unabhängigkeit, Eigenständigkeit, Selbsterkenntnis und Selbstwachstum. Wir fühlen uns frei, wenn wir so sein können, wie wir möchten, unabhängig von inneren und äußeren Zwängen. Wir genießen das Vertrauen in unsere Fähigkeiten. Wir spielen keine Rolle, sondern sind so, wie wir eben sind. Beim Freiheitsmotiv geht es im Gegensatz zum Machtmotiv um Freiheit nach innen, also um Selbstentfaltung, während es beim Machtmotiv um nach außen gerichtete Selbstbehauptung geht. Typische Aussagen sind:

- Ich habe volles Vertrauen in meine Fähigkeiten.
- Ich überlege mir gern, wie ich das für mich am sinnvollsten lösen könnte.
- Ich habe gern das Gefühl, meine Meinung/Ideen offen und frei sagen zu können und nicht auf andere Rücksicht nehmen zu müssen.
- Ich möchte möglichst unabhängig sein.
- Ich möchte meinen eigenen Weg gehen.

Welche diese Rolle Finanzentscheidungen beeinflussen können
Jedes der Motivsysteme kann Finanzentscheidungen beeinflussen:

- **Beziehungsmotiv:** Beim starken Beziehungsmotiv einer Person ist es wichtig, eine Finanzentscheidung zu treffen, die Harmonie im Umfeld aufrechterhält und zum Beispiel keinen Streit in der Familie auslöst.
- **Leistungsmotiv:** Dieses Motiv beeinflusst eine Finanzentscheidung, wenn damit ein schwieriges Problem gelöst werden kann, wie im Fall einer Spende für die Forschung. Ein anderer Fall ist, wenn die Entscheidung den Qualitätsmaßstab verbessert, wie im Fall der Unterstützung einer Bibliothek.
- **Machtmotiv:** Dieses Motiv kann entscheidend sein, wenn eine Finanzentscheidung etwas bei anderen Menschen bewirken kann, wie die Unterstützung einer sozialen Einrichtung oder eines Zoos. Ein anderer Fall ist, wenn die Finanzentscheidung den eigenen Status erhöht, wie zum Beispiel die Gründung einer Stiftung (Abschn. 2.2).

- **Freiheitsmotiv**: Hier möchte eine Person so entscheiden, wie sie es für richtig hält, unabhängig von den Vorgaben anderer – sie möchte selbstbestimmt entscheiden. Dies kann auch bedeuten, dass die Person selbst herausfinden möchte, wie sie die Finanzfragen für sich am besten lösen möchte.

Was haben die Motive mit Gefühlen bei Finanzentscheidungen zu tun?

5.2   Gefühle als Signalgeber

Jedes der vier Motivsysteme ist verbunden mit positiven Gefühlen, die wir suchen und negativen, die wir meiden wollen. Die Gefühle zeigen als Signalgeber an, ob und wie stark es uns gelingt, unsere Motive so zu leben, dass es uns gutgeht. (vgl. Tab. 5.1).
Wie können wir diese Erkenntnisse nutzen?

- **Gefühle als Ergebnis erfüllter Motive**: Wir sind zufrieden oder sogar glücklich mit einer Finanzentscheidung. Wir entscheiden und fühlen uns in der Folge wohl. Andernfalls haben wir ein starkes oder nur diffuses ungutes Gefühl.
- **Gefühle als Signalgeber für die Erfüllung der Motive**: Gute oder schlechte Gefühle weisen uns darauf hin, dass unsere Motive befriedigt sind oder nicht. Wir fühlen uns unwohl und erkennen, dass unsere Motive nicht ausreichend bei der Finanzentscheidung berücksichtigt sind.

Gefühle gehen immer mit dem Somatischen Marker einher (Kap. 3) Sie erleichtern den Zugang zu unseren Gefühlen und liefern wertvolle Hinweise zu unseren

Tab. 5.1 Zusammenhang von Motiven und Gefühlen

	Positive Gefühle Was wir suchen	Negative Gefühle Was wir meiden
Beziehungsmotiv	sicher fühlen, geborgen, umsorgt	ängstlich, unsicher
Leistungsmotiv	angeregt	gelangweilt, erfolglos
Machtmotiv	überlegen	unterlegen, wütend
Freiheitsmotiv	frei, selbstbestimmt	fremdbestimmt

Motiven. Die Affektbilanz ist ein Instrument, mit dem wir die somato-affektiven Marker erfassen und bearbeitbar machen können (siehe ausführlich Kap. 6).

5.3 Die 5 wichtigsten Botschaften

- Unser Denken, Fühlen und Handeln sind durch Motive bestimmt. Diese basalen Antriebssysteme bilden sich in frühester Kindheit heraus und bleiben unser Leben lang ziemlich stabil.
- Die vier Motive sind das Beziehungsmotiv, das Leistungsmotiv, das Machtmotiv und das Freiheitsmotiv.
- Die Motive sind verbunden mit unseren Gefühlen: Sind unsere Motive bei einer Finanzentscheidung berücksichtigt, dann entsteht ein gutes Gefühl, andernfalls haben wir ein diffuses, ungutes Gefühl.
- Die Motive und Gefühle können bei Finanzentscheidungen die wesentliche Rolle spielen, ob ich mit der Entscheidung zufrieden bin und mit ihr gut leben kann.
- Die beteiligten Gefühle und Körperempfindungen können anhand der Affektbilanz exploriert und bearbeitet werden (siehe ausführlich Kap. 6).

5.4 Reflexion

Prüfen Sie, welche Motive wie stark bei Ihnen vorhanden sind und wie sich diese auf Finanzentscheidung auswirken können. Erinnern Sie sich eine Finanzentscheidung: Welche ihrer Motive waren daran beteiligt?

Buchtipps
Zur Vertiefung empfehlen wir Ihnen:

1. Kuhl, J. (2001). Motivation und Persönlichkeit: Interaktionen psychischer Systeme. Hogrefe.
2. Weber, J. (2023). Ich fühle, was ich will: Wie Sie Ihre Gefühle besser wahrnehmen und selbstbestimmt steuern. Hogrefe.

6.1 Die Affektbilanz

In Kap. 3 haben Sie die beiden Systeme zur Bewertung und Entscheidungs-findung kennengelernt. Sie haben erfahren, dass System 2 mit dem kritischen Verstand rationale Argumente bewertet. Hingegen arbeitet System 1 nicht mit rationalen Argumenten, sondern mit Bildern der Folgen einer Handlung sowie den begleitenden Gefühlen und Körperempfindungen („Somatische Marker"). Somatische Marker beinhalten neben der körperlichen Komponente (Bauchgefühl) auch eine affektive Komponente, in der die Bewertung nach den Kriterien «angenehm» oder «unangenehm» enthalten ist. Anhand dieser Signale, die das Ergebnis früherer Entscheidungen sind, schließen wir auf die Konsequenzen künftiger Finanzentscheidungen.

Das Problem in Diskussionen über Finanzfragen ist, dass Entscheider ihre somato-affektiven Marker in Zusammenhang mit einer Situation nicht präzise artikulieren können. Lassen sich die Gründe für Unbehagen nicht in Worte fassen, fehlt die Basis für weitere Überlegungen. Daher ist es essenziell für gute Finanzentscheidungen, die eigenen Gefühle in eine Form zu bringen, die sie der Bearbeitung durch den bewussten Verstand zugänglich macht.

Im Rahmen des Zürcher Ressourcen Modells wurde die Affektbilanz entwickelt, die erlaubt, die Kommentare des Unbewussten sichtbar zu machen. Mithilfe dieser Methode können unbewusste Bewertungen, die körperlich wahrnehmbar sind, für unseren Verstand sichtbar und gestaltbar gemacht werden. Durch diese Methode bekommen Ihre Gefühle eine Sprache. Affekte sind die einfachste Form von Gefühlen: Sie sind lediglich positiv oder negativ, stärker oder schwächer.

© Der/die Autor(en), exklusiv lizenziert an Springer Fachmedien Wiesbaden GmbH, ein Teil von Springer Nature 2024
G. Adlmaier-Herbst und G. Hornig, *Gute Finanzentscheidungen*, essentials, https://doi.org/10.1007/978-3-658-45590-3_6

Die Grundidee der Affektbilanz basiert auf der Tatsache, dass negative und positive Affekte in zwei Funktionseinheiten des Gehirns erzeugt werden: im Bestrafungssystem und im Belohnungssystem.

6.2   Anwendung der Affektbilanz

Aufgrund dieser beiden getrennten Systeme ist es möglich, dass wir auf ein und dieselbe Sache sowohl mit positivem als auch mit negativem Affekt reagieren – wir haben gemischte Gefühle. Kennen Sie das? „Auf der einen Seite finde ich das gut …, aber auf der anderen Seite habe ich große Bedenken …". Der Grund dafür ist, dass unser Gehirn positive Affekte aus dem Belohnungssystem und negative Affekte aus dem Bestrafungssystem erzeugt. Und so ist es möglich, „gemischte Gefühle" in positive und negative Affekte zu zerlegen und getrennt voneinander zu betrachten. Konsequenz für die Affektbilanz: Sie besteht aus zwei Skalen – eine für positive Affekte, eine für negative Affekte (vgl. Abb. 6.1).

Beide Skalen der Affektbilanz sind ohne Einteilung, das heißt nur mit den Endpunkten 0 und 100 als Minimum und Maximum versehen. Der Grund: Der Verstand ist mit dieser visuellen Analogskala überfordert und gibt die Bewertung an das Unbewusste ab – dem Unbewussten fällt es leicht, die Intensität auf dieser Skala einzuschätzen, es braucht dazu keine Striche und Zahlen.

Affekte unterscheiden sich aber nicht nur hinsichtlich ihrer positiven oder negativen Ausprägung. Die Affekte können eher schwach oder eher stark ausgeprägt sein.

Abb. 6.1   Affektbilanz.
(Quelle: Storch und Krause,
2017, S. 147)

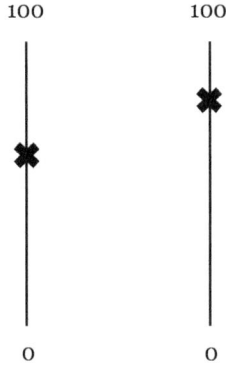

Beispiele für die Stärke von Affekten

- Starker negativer Affekt kann ausgelöst sein durch Stress, Krankheit, Angst
- Starker positiver Affekt kann durch Erfolg, Ferien, Lob, Vorfreude ausgelöst sein
- Starke gemischte Affekte können entstehen durch eine Beförderung im Job, einen neuen Kunde, Beziehungsentscheidungen
- Schwache gemischte Gefühle bedeuten meist Gleichgültigkeit einer Situation gegenüber◄

Gehen Sie jetzt wie folgt vor:

- Entspannen Sie sich, zum Beispiel indem Sie aufstehen, einige Schritte durch den Raum gehen und ein paar Mal durchatmen. Auch entspannende Musik kann hilfreich sein.
- Denken Sie nun an Ihre bevorstehende Finanzentscheidung.
- Konzentrieren Sie sich auf Ihre Gefühle und schalten Sie den Verstand so gut wie möglich aus – schicken Sie ihn in Urlaub.
- Nehmen Sie einen Stift und zeichnen Sie möglichst spontan auf der Positiv-Skala jenen Punkt ein, zu dem Sie Ihr Gefühl führt. Wichtig ist, dass sie dies möglichst intuitiv tun und nicht über die Gründe reflektieren. Folgen Sie einfach Ihrem Gefühl.
- Jetzt wenden Sie sich der Negativ-Skala zu und zeichnen jenen Punkt ein, der Ihre negativen diffusen Gefühle ausdrückt.
- Als Ergebnis haben Sie eine Affektbilanz über Ihr Thema, die Sie in den nächsten Schritten auswerten können.

Hinweis: Es ist wichtig, die Bilanz aufzumalen. Wenn man sich die Skala nur mental vorstellt, funktioniert die Methode nicht so gut.

Danach arbeiten Sie mit dem Verstand weiter. Sie tragen die Stärke des jeweiligen positiven und negativen Affekts als Zahl ein und überlegen, welche Bedürfnisse hinter diesen Bewertungen liegen.

Wie ist der Zeitverlauf der Einschätzung von Unbewusstem und Verstand? System 1 sendet jenes Gefühl, das als erstes auftaucht schon nach 200 Millisekunden. Der Verstand benötigt mindestens 900 Millisekunden, bis er sich dazuschaltet. Die schnellere Bewertung stammt also vom Unbewussten: Alles, was später auftaucht, kann durch Ihren Verstand beeinflusst sein.

Meist haben Sie zumindest zwei Entscheidungsmöglichkeiten. In diesem Fall machen Sie für jede Entscheidungsmöglichkeit eine Affektbilanz und entscheiden sich dann für die Affektbilanz mit dem besseren Ergebnis.

6.3   Anwendungsbeispiel Unternehmensnachfolge

„Ich muss langsam daran denken, mein Unternehmen weiterzugeben", sagt die Unternehmerin Susanne F. „Aber ich bin mir nicht sicher, ob ich meinem Sohn etwas Gutes tue, wenn ich es ihm übergebe. Er ist fleißig und bemüht, aber irgendwie habe ich Sorge, dass er es nicht schafft."

Das Unternehmen ist ein österreichischer Installationsbetrieb mit über 100-jähriger Tradition. Frau F. hat ihn von ihren Eltern übernommen und als alleinerziehende Mutter fast 30 Jahre lang geführt. Im Betrieb steckt ihr Leben. Es gab kaum oder nur kurze Urlaube, viel Stress und viele Sorgen. Aber Frau F. ist auch ein wenig stolz auf das, was sie geleistet hat.

Das Unternehmen schreibt seit elf Jahren Gewinne und hat eine starke Eigenkapitaldecke. So weit, so klar. Aber ist es wirklich eine gute Entscheidung, das Unternehmen an Sohn Sebastian weiterzugeben und damit in der Familie zu behalten?

Für Frau F. geht es nicht nur um eine wirtschaftliche, sondern auch um eine persönliche Entscheidung. Ihre Steuerberaterin rät ihr, mit Hilfe von zwei Affektbilanzen ihre persönlichen Bedürfnisse und Werte zu klären, damit sie diese bei ihrer Entscheidung berücksichtigen kann: Die erste Affektbilanz erstellt Frau F. zum Verkauf des Unternehmens, eine zweite zur Option, das Unternehmen dem Sohn zu übergeben.

Affektbilanz zu Option 1: Ich verkaufe mein Unternehmen
Die Frage der Steuerberaterin an Frau F. lautet: „Wie stark ist Ihr positives Gefühl auf der einen Seite bzw. Ihr negatives Gefühl auf der anderen Seite, wenn Sie daran denken, Ihr Unternehmen zu verkaufen?" Auf der rechten Skala trägt Frau F. die Stärke ihres positiven Gefühls ein, auf der linken die Stärke ihres negativen Gefühls. Wichtig ist, dass die Bewertungen schnell und „aus dem Bauch heraus" erfolgen. Frau F. zeichnet, wie Abbildung Abb. 6.2 zeigt, ein schwaches positives und ein starkes negatives Gefühl ein.

Frau F. kann nun ihre Gefühle in Worte fassen. Das starke negative Gefühl wird ausgelöst bei dem Gedanken, dass das Unternehmen „weg ist". Sie hätte in diesem Fall das Gefühl, dass ihre Arbeit sinnlos war. Anderseits stellt sich ein

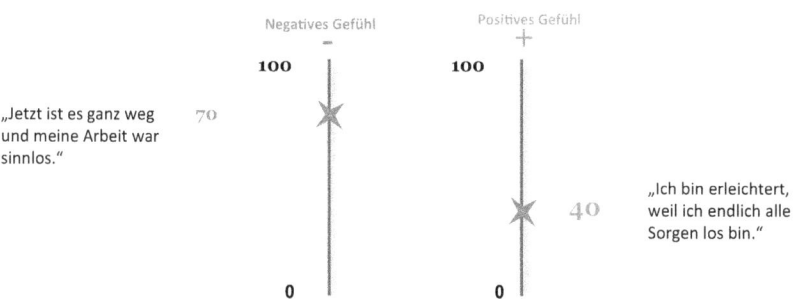

„Ich verkaufe mein Unternehmen"

Abb. 6.2 Affektbilanz zu Option 1: Ich verkaufe mein Unternehmen

angenehm positives Gefühl der Erleichterung ein. Genau jene gemischten Gefühle sind es, die eine Entscheidung schwermachen.

Affektbilanz zu Option 2: Ich übergebe mein Unternehmen meinem Sohn
Der Vergleich gibt die weitere Richtung vor: Bei Option 2 hat Frau F. ein wesentlich stärker positives Gefühl als bei Option 1; auch das negative Gefühl ist geringer. Dort kann sie nun ansetzen und mit ihrer Steuerberaterin überlegen, wie das negative Gefühl bei Option 2 zu reduzieren wäre. „Ich frage meinen langjährigen, erfahrenen Mitarbeiter, ob er für die nächsten drei Jahre die Geschäftsführung übernehmen kann." Und schon ist das negative Gefühl auf den Wert 10 gefallen (Abb. 6.3).

Frau F. ist klar geworden, dass ihr Sohn ihr Nachfolger sein soll. Jetzt geht es nur noch um eine reibungslose Übergabe. "What gets measured, gets managed", sagt der Ökonom Peter F. Drucker – wie recht er hat!

6.4 Reflexion

Wählen Sie ein Thema, für das Sie zwei Entscheidungsmöglichkeiten sehen und erstellen für jede Möglichkeit eine Affektbilanz. Versuchen Sie sich kurz darauf zu konzentrieren, was Sie fühlen – Ihr Verstand geht kurz auf Urlaub. Nehmen Sie die Vorlage für die Affektbilanz und einen Stift zur Hand und bewegen Sie den Stift nacheinander auf beiden Skalen auf und ab. Achten Sie nur auf Ihr

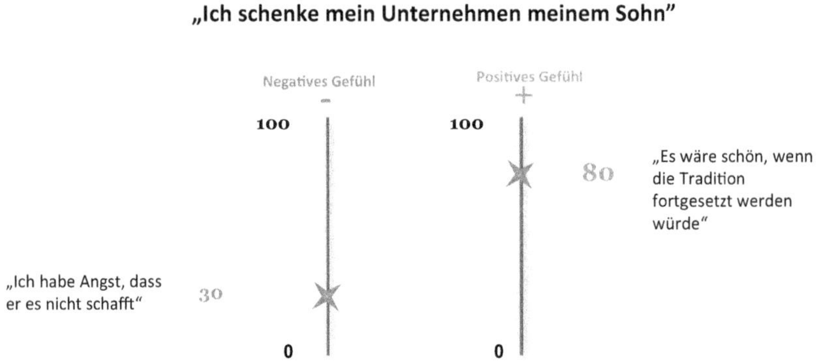

„Ich schenke mein Unternehmen meinem Sohn"

Abb. 6.3 Affektbilanz zu Option 2: Ich schenke mein Unternehmen meinem Sohn

Bauchgefühl: Markieren Sie die Stärke des positiven Affekts, den dieses Thema bei Ihnen auslöst; danach die Stärke des negativen Affektes. Nachdem Sie für Jede Entscheidungsmöglichkeit eine Affektbilanz gemacht haben, entscheiden Sie sich für die „bessere" Affektbilanz und arbeiten mit dieser weiter.

Buchtipps
Zur Vertiefung empfehlen wir Ihnen:

1. Storch, M./Krause, F./Weber, J. (2022). Selbstmanagement – ressourcenorientiert: Theoretische Grundlagen und Trainingsmanual für die Arbeit mit dem Zürcher Ressourcen Modell (ZRM®). Hogrefe.
2. Weber, J. (2023). Ich fühle, was ich will: Wie Sie Ihre Gefühle besser wahrnehmen und selbstbestimmt steuern. Hogrefe.

7

7.1 Case 1: Haus schenken

„Was soll ich tun?" fragt Frau S., als sie in mein Büro kommt „Einige meiner Bekannten schenken ihre Wohnungen und Häuser ihren Kindern und meinen, dass man das unbedingt tun muss, weil nächstes Jahr die Steuer so viel höher ist."

Frau S. ist eine Geschäftsfrau, die sonst kaum etwas aus der Fassung bringt. Aber dieses Mal ist sie aufgeregt. „Ich kann doch nicht mein Haus herschenken, weil ich damit Steuern spare. Ich bin 52 Jahre alt und habe im Leben noch einiges vor. Das Haus ist mein Vermögen und meine Sicherheit. Zu wissen, dass ich von meiner Tochter abhängig bin, fühlt sich gar nicht gut an."

Was war passiert? Die Erhöhung der Grunderwerbsteuer mit 1. Januar 2016 hatte dazu geführt, dass im Jahr 2015 Immobilien vielfach „aus steuerlichen Gründen" an Kinder verschenkt wurden. Ein guter Grund. Ein wirtschaftlich kluger Grund. Aber auch eine gute Entscheidung? Frau S. will wissen, wieso sie diese Situation belastet „Und ich will eine gute Entscheidung treffen", sagt sie.

Um welche Kosten geht es? Beim Haus von Frau S. steht einer Steuer von EUR 4.200 im Jahr 2015 einer zukünftige Steuer von EUR 18.250 gegenüber – zusätzliche Kosten von EUR 14.050. Geld, viel Geld. Genug, um etwas zu tun, was man eigentlich nicht tun möchte? Hier kommt die Affektbilanz zum Einsatz. Diese soll Frau S. helfen zu klären, welche Gefühle im Spiel sind und welche Entscheidung für sie eine gute ist. Eine Affektbilanz zum Thema: „Ich verschenke mein Haus an meine Tochter."

Die erste Frage an Frau S. lautet: „Wie stark ist Ihr positives Gefühl auf der einen Seite bzw. Ihr negatives Gefühl auf der anderen Seite bei dem Gedanken, Ihr Haus an Ihre Tochter zu verschenken?"

© Der/die Autor(en), exklusiv lizenziert an Springer Fachmedien Wiesbaden GmbH, ein Teil von Springer Nature 2024
G. Adlmaier-Herbst und G. Hornig, *Gute Finanzentscheidungen*, essentials, https://doi.org/10.1007/978-3-658-45590-3_7

In Abb. 7.1 trägt Frau S. die Stärke des positiven Gefühls auf der rechten Skala, die Stärke des negativen Gefühls auf der linken Skala. Die 0 bedeutet „nicht vorhanden" und 100 „sehr stark" Diese Bewertung sollte schnell erfolgen, damit es eine Gefühlsbewertung ist. Ein Nachdenken würde die Gefühle mit dem Verstand bewerten, etwas, das erst im nächsten Schritt folgt.

Frau S. zeichnet ein starkes negatives und ein schwaches positives Gefühl ein. Das überrascht sie selbst: „Es war mir nicht klar, dass es da auch ein gutes Gefühl gibt." Dann wertet Frau S. ihre Affektbilanz in einem zweiten Schritt aus (siehe Abb. 7.2), indem sie den Wert, den sie angezeichnet hat, beziffert. Sie stellt den Wert auf der positiven Skala mit 20 und auf der negativen Skala mit 90 fest.

Das negative Gefühl benennt sie mit dem „Verlust finanzieller Selbständigkeit". Die Tatsache, nicht mehr über ihr eigenes Vermögen verfügen zu können,

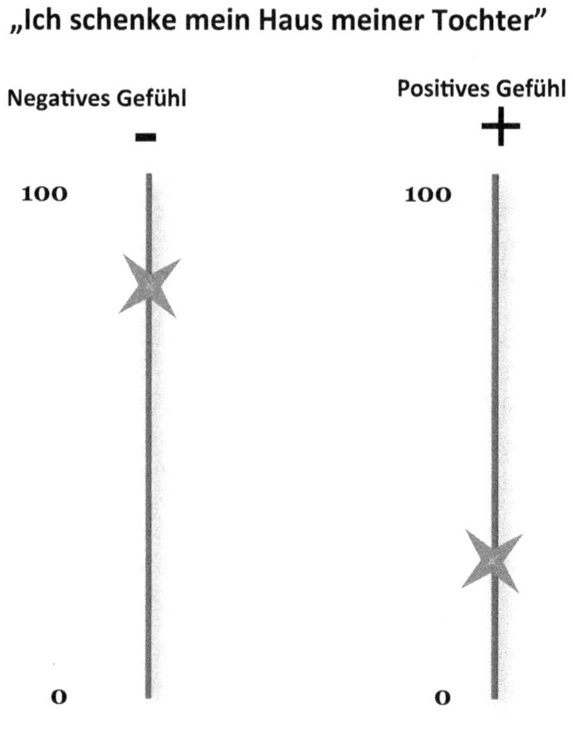

„Ich schenke mein Haus meiner Tochter"

Negatives Gefühl
−

Positives Gefühl
+

100   100

0   0

Abb. 7.1 Bewertung der Option, der Tochter das Haus zu schenken

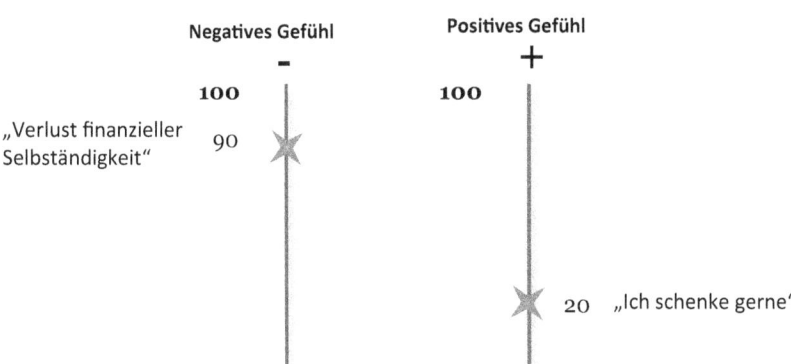

„Ich schenke mein Haus meiner Tochter"

Abb. 7.2 Gründe für die Option, der Tochter das Haus zu schenken

löst in Frau S. Angst und Beklemmung und somit ein starkes unangenehmes Gefühl aus. Und trotzdem ist da auch ein freudiger Gedanke: „Ich schenke gern", sagt Frau S und ist erleichtert „Ja, ich schenke gern – aber dann, wenn es für mich passt und ich bereit bin."

Bevor sich Frau S. entscheidet, möchte sie noch wissen, wie ihre Affektbilanz zum Thema „Ich behalte mein Haus" ausschaut. Hierfür trägt sie in Abb. 7.3 die Stärke ihres positiven Gefühls auf der rechten Skala, die Stärke ihres negativen Gefühls auf der linken Skala ein. Und wieder macht sie diese Bewertungen schnell, damit ihre Gefühlsbewertung nicht zu stark durch Nachdenken beeinflusst wird.

Jetzt hat Frau S. ein starkes positives Gefühl eingezeichnet. Und das positive Gefühl ist auf 90 und heißt: „Es ist meins und ich kann machen, was ich will.". Und da ist noch ein schwaches negatives Gefühl: „Weil der Gedanke, dass ich meiner Tochter gar nichts schenke, sich nicht gut anfühlt. Ich überlege mir etwas, was ich ihr schenken kann und womit sie eine Freude hat "

Ergebnis der Affektbilanz
Frau S. hat sich entschieden, ihr Haus noch nicht zu verschenken. Für sie ist es eine gute Entscheidung und die Klarheit darüber, was ihr dabei wichtig ist, beruhigt sie sehr „Wir werden uns wegen des Hauses nicht streiten. Und vielleicht sparen wir sogar viel Geld."

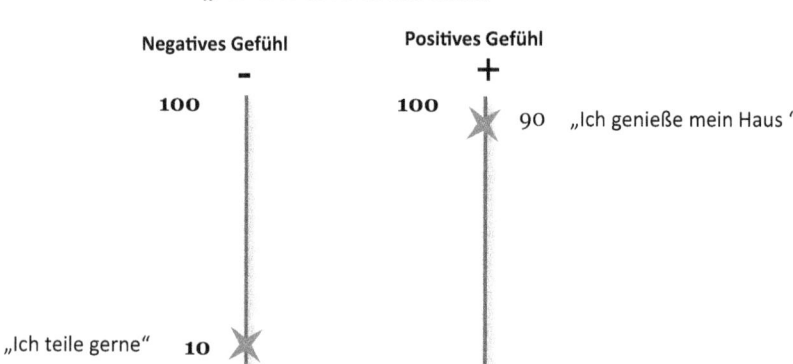

Abb. 7.3 Bewertung der Option, das Haus zu behalten

7.2 Case 2: Mieten oder kaufen

Stefan K., ist mittlerweile schon einige Jahre mein Klient. Er ist Allgemeinmediziner und 30 Stunden die Woche in einem Spital angestellt. Zusätzlich möchte er sich als Wahlarzt eine eigene Praxis aufbauen. Auf der Suche nach einem Ordinationsraum hat er auch mit seiner Tante gesprochen, die in Wien eine Wohnung besitzt, die sie vermietet. Die Tante wäre bereit, Stefan K. die Wohnung zu vermieten oder auch zu verkaufen.

Ich kenne Stefan K. als Unternehmer, für den Steuer sparen wichtig ist. So ist er bestrebt, seine Kosten niedrig zu halten Meine Aufgabe als Steuerberaterin ist es, Kosten, die steuerlich nicht absetzbar sind, aus seiner Auflistung herauszunehmen. Das akzeptiert er, da er – wieder ganz Unternehmer – auch kein Risiko eingehen will, eine falsche Steuererklärung abzugeben.

Stefan K.s Frage ist, was steuerlich günstiger ist: Die Wohnung für seine Ordination zu mieten oder zu kaufen. Die Miete ist wenig attraktiv. Auch weil die Tante nur eine geringe Miete erwartet und man daher wenig von der Steuer absetzten kann. Der Kauf ist attraktiv, da die Tante bereit wäre, ihm die Wohnung zu einem „Freundschaftspreis" zu verkaufen.

Ich beginne meine Beratung indem ich Herrn K. vorschlage zu den beiden Optionen – Miete oder Kauf – eine Affektbilanz zu machen. Durch eine persönliche Affektbilanz für jede Option soll klar werden, wo die Präferenzen liegen und welche Bedenken möglicherweise Bauchweh verursachen. Und die Stärke sowie die Art der Bedenken ist ein hilfreicher Hinweis welche Informationen noch eingeholt werden müssen. Ziel ist es, Bedenken dadurch so weit zu entkräftet, dass eine Entscheidung mit gutem Gefühl getroffen werden kann, weil die wirtschaftlichen und steuerlichen Auswirkungen klar sind.

Bei der Affektbilanz zu Option 1: „Ich miete die Ordination von meiner Tante" trägt Herr K. ein schwaches positives und ein hohes negatives Gefühl ein (siehe Abb. 7.4). Das hohe negative Gefühl auf der Skala von 0 bis 100 liegt bei ihm bei 80, da er ungern Miete zahlt und auch steuerlich kaum etwas absetzten kann: „Die Miete ist weg und ich kann nur wenig von der Steuer absetzen". Das trotzdem vorhandene positive Gefühl von 20 wird durch das geringe Risiko verursacht. Stefan K. hat ein angenehmes Gefühl zu wissen, dass er in einer Situation ist, die er leicht ändern kann (siehe Abb. 7.5).

Option 2 lautet „Ich kaufe die Ordination von meiner Tante". Hier zeichnet Stefan K. ein starkes positives Gefühl ein, das er mit 90 bewertet und damit begründet, dass ihm der Gedanke Eigentum zu schaffen und die Kosten steuerlich absetzen zu können, richtig gut gefällt. Allerdings ist hier ein negatives Gefühl von 30 vorhanden: „Ich habe ein ungutes Gefühl, weil ein Kredit immer auch

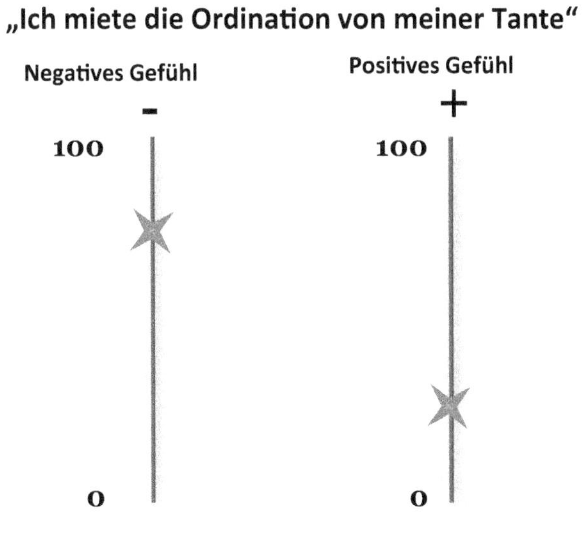

„Ich miete die Ordination von meiner Tante"

Negatives Gefühl	Positives Gefühl
–	**+**
100	100

Abb. 7.4 Bewertung der Option, die Ordination der Tante zu mieten

„ Ich miete die Ordination von meiner Tante"

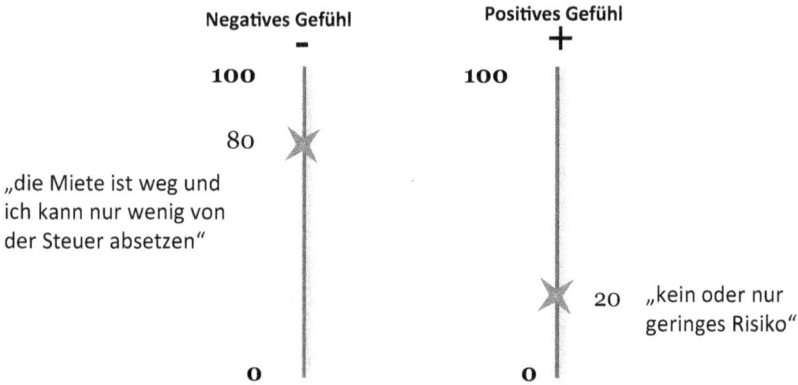

Abb. 7.5 Gründe für die Option, die Ordination der Tante zu mieten

ein Risiko ist. Und da mir noch nicht klar ist wie hoch der Kredit sein wird, beunruhigt mich das noch zusätzlich." (siehe Abb. 7.6).

„Ich kaufe die Ordination von meiner Tante"

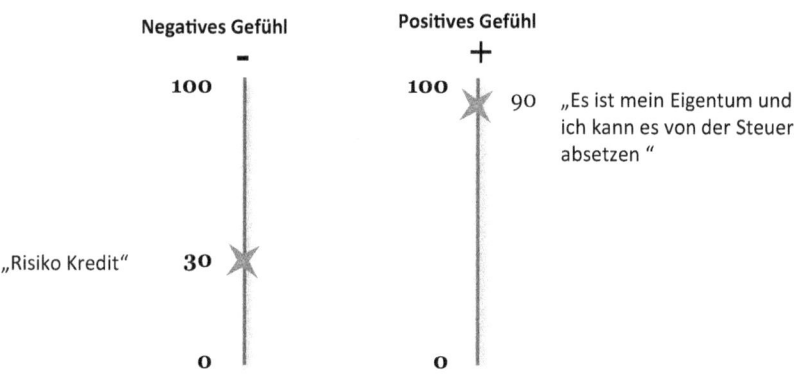

Abb. 7.6 Bewertung der Option, die Ordination der Tante zu kaufen

Ergebnis der Affektbilanz

Der Vergleich der Affektbilanzen beider Optionen zeigt, dass Option 2 „Ich kaufe die Ordination von meiner Tante" für Stefan K. die besser Affektbilanz hat. Aber da ist eben noch ein unangenehmes Gefühl wegen des Kredits. Aber wovon reden wir eigentlich? Wie hoch ist der Kaufpreis, wie hoch der Kredit? Welche Möglichkeiten der Finanzierung gibt es und was kann man von der Steuer absetzen? Alles Fragen, die wir sammeln. Danach nimmt Herr K. eine „To do" Liste für die nächsten Schritte mit. Diese sind: eine Schätzung des Kaufpreises durch eine Immobilienmaklerin einholen, Finanzierungsmöglichkeiten überlegen – die Eltern haben finanzielle Unterstützung zugesagt -, ein Kreditangebot seiner Banken einholen und mit der Tante reden und sie fragen, welchen Kaufpreis sie sich für die Wohnung vorstellt.

Stefan K. ist erleichtert. Er ist seinem Traum einer eigenen Ordination und der Schaffung von Eigentum nähergekommen. Die nächsten Schritte sind klar und wenn er die Kosten weiß und die Finanzierung geklärt hat, lässt sich auch ausrechnen, wieviel er davon steuerlich absetzten kann. Diese Klarheit bringt Schwung in die Sache.

Als Herr K. nach drei Wochen zum nächsten Termin kommt, hat er eine Bewertung einer Immobilienmaklerin bekommen und weiß daher, wieviel die Wohnung wert ist. Er hat seiner Tante diesen Preis gesagt und sie gefragt, um wie viel sie ihm die Wohnung verkaufen würde. Die Tante ist unsicher und möchte von Herrn K. wissen, was er zu zahlen bereit ist. Eine Situation, die Stefan K. Druck macht und unangenehm ist. Hier steht also die nächste Entscheidung an. Aber das ist dann die nächste Geschichte.

7.3   Case 3: Der Tante die Wohnung abkaufen

Drei Wochen später: Herr K. hat die Bewertung der Immobilienmaklerin mit seiner Tante besprochen. Die Tante ist unsicher und möchte von Herrn K. wissen, wie viel er ihr für die Wohnung zahlen will. Was soll er tun? Was ist der „richtige" Preis für eine Tante, die ihn unterstützen möchte, aber auch das Geld gut brauchen kann? Es ist Herr K., der nun vorschlägt zu seinem Dilemma Affektbilanzen zu machen (siehe Abb. 7.7).

Bei der Affektbilanz zu Option 1: „Ich zahle meiner Tante den vollen Wert der Wohnung" trägt Herr K. ein mittleres positives und ein mittleres negatives Gefühl ein. Sowohl das positive als auch das negative Gefühl liegen somit auf der Skala von 0 bis 100 in der Mitte bei 50 (siehe Abb. 7.8). „Das ist so eine

„Ich zahle meiner Tante den vollen Wert der Wohnung"

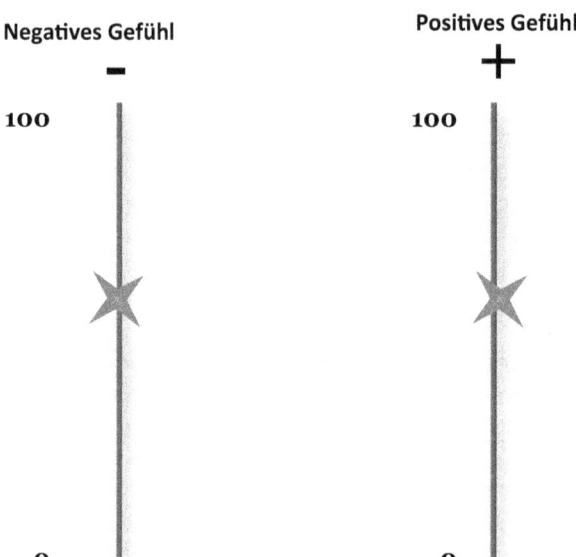

Abb. 7.7 Bewertung der Option, der Tante den vollen Wert zu zahlen

Sache: das positive Gefühl kommt daher, dass ich meiner Tante zahle, was ihre Wohnung wert ist. Das gibt mir schon ein gutes Gefühl, weil wir damit ganz klar sind. Anderseits habe ich ein ungutes Gefühl, weil sie mich ja offensichtlich unterstützen will und ich ihr „Geschenk" nicht annehme.

Bei so einer Gefühlslage kann man von einem Dilemma sprechen. Beide Argumente sind gut und damit recht stark. Aber wie schaut eigentlich die Affektbilanz für eine zweite Möglichkeit aus? Herr. K. wählt den halben Kaufpreis als zweite Möglichkeit aus und macht dazu eine weitere Affektbilanz.

Option 2 lautet somit „Ich zahle meiner Tante 50 % vom Wert der Wohnung". Hier zeichnet Herr K. im ersten Schritt ein positives Gefühl ein, das er im zweiten Schritt so formuliert, nachdem er nachgedacht hat: „Weil mich ein Kredit belastet bin ich froh, wenn ich keinen hohen Kredit brauche. Das Gefühl auf der Skala liegt für ihn bei 65. Doch da ist auch ein negatives Gefühl: „Wenn meine Tante mir eigentlich etwas schenkt, frag ich mich, was sie sich von mir erwartet." (siehe Abb. 7.9).

„Ich zahle meiner Tante den vollen Wert der Wohnung"

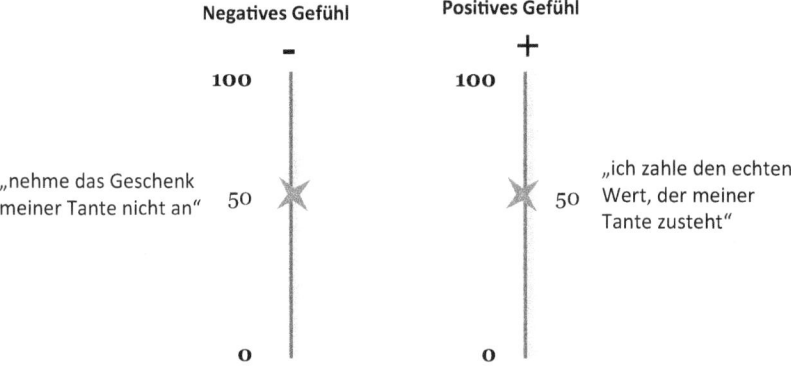

Abb. 7.8 Gründe für die Option, der Tante den vollen Wert zu zahlen

„Ich zahle meiner Tante 50% vom Wert der Wohnung"

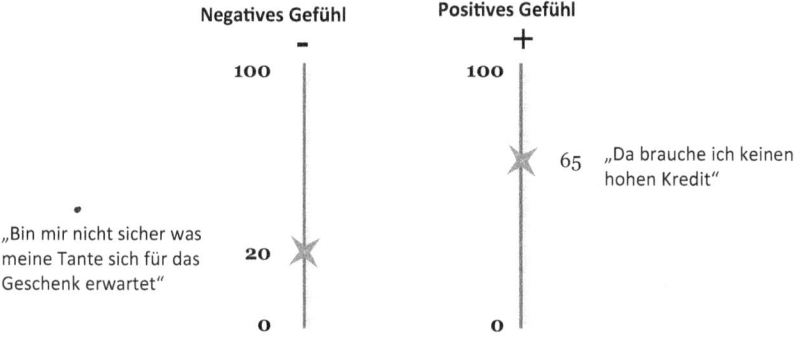

Abb. 7.9 Bewertung der Option, der Tante den halben Wert zu zahlen

Der Vergleich der beiden Affektbilanzen zeigt, dass die Option 2 „Ich zahle meiner Tante 50 Prozent vom Wert der Wohnung" ein besseres positives Gefühl und ein geringeres negatives Gefühl bei Herrn K. auslöst. Also beschließt er mit dieser Möglichkeit weiterzuarbeiten. „Wenn ich nicht weiß, was meine Tante sich von mir erwartet, könnte ich sie ja eigentlich ganz einfach fragen."

7.4   Case 4: Selbständigkeit

Der 47-jährige Konrad ist Physiotherapeut aus Leidenschaft. Ursprünglich hat er Tischler gelernt, doch musste er sich aufgrund einer Stauballergie etwas Neues überlegen. Also machte er Abitur und studierte Physiotherapie. Er bekam einen Job in einem Wiener Rehazentrum, wo Sportunfälle behandelt wurden. Er hatte eine schöne Arbeit, die er lange Zeit nicht infrage stellte, auch wenn die Anfahrt aus dem Burgenland oft mühsam war – jede Fahrtstrecke dauerte 40 min. Aber er wollte nicht weg aus dem Ort, in dem er aufgewachsen war und in dem er sich wohlfühlt. Er heiratete, und da seine Frau bereit war, von Linz aufs Land zu ziehen, bauten sie sich in dem kleinen Ort im südlichen Burgenland ein Haus. In diesem Haus war schon ein Therapieraum vorgesehen, weil die Idee, sich selbständig zu machen, für Konrad fast ein Traum war.

Die Geburt der drei Kinder veränderte das Leben von Konrad und Marianne: Konrad, der morgens kurz nach sechs Uhr losfahren musste, sah die Kinder erst am Abend, wenn diese oft schon im Bett waren. Später sah er sie, als sie noch an den Hausaufgaben saßen. Die Wochenenden waren viel zu kurz, um alles nachzuholen, was er die Woche über versäumt hatte. Und die Arbeiten im Haus mussten ja auch noch gemacht werden.

Im Lauf der Zeit wurde der Wunsch nach eigenen Klientinnen und Klienten und einer Arbeit im eigenen Therapieraum immer stärker. „Jetzt mach Dich doch selbständig?" sagte der beste Freund beim gemeinsamen Essen. „Wenn Du es jetzt nicht machst, fragst Du Dich dein ganzes Leben, ob Du es geschafft hättest." Das war der letzte Anstoß, den es gebraucht hatte, um eine Selbständigkeit ernstlich anzugehen.

Gemeinsam mit seiner Frau Marianne beginnt Konrad sich Informationen zu beschaffen: Was brauche ich, um mich selbständig machen zu können? Wie erstelle ich einen Finanzplan? Und wie ist das mit den Steuern?

Doch zuallererst galt es zu klären, ob es im Ort und in der Umgebung überhaupt genug Menschen gibt, die als Klient*innen infrage kommen. Nach Gesprächen mit einer Ärztin und einem Physiotherapeuten im Nachbarort eröff-nen sich erste Möglichkeiten: Der Physiotherapeut erzählte, dass er immer wieder Klient*innen ablehnen muss, da er keine freien Termine mehr hat. Die Ärztin bestätigte, dass einige ihrer Patient*innen nach Wien zur Physiotherapie fahren. Es scheint also genug Bedarf in der Gegend zu geben.

Als nächstes nehmen Konrad und Marianne an einem Onlineseminar über Unternehmensgründung für Physiotherapeuten teil. Danach machen sie einen Termin mit ihrer Steuerberaterin aus. So ist aus dem Wunsch ein Projekt geworden.

Aber auch Bedenken und zweifelnde Stimmen werden laut. Da ist der Onkel, der von der Selbständigkeit abrät: „Wieso einen sicheren Job aufgeben? Selbständig zu sein ist doch viel zu unsicher." Auch die Kolleg*innen in der Rehaklinik in Wien können sich nicht vorstellen, ihren sicheren Job gegen eine Selbständigkeit einzutauschen. Also wie entscheiden? Wie umgehen mit dem Gefühl im Bauch, wenn die Sorgen und Bedenken kommen? Und wie umgehen mit einem Traum, der leben und arbeiten in einem geliebten Umfeld verspricht?

Der Zeitpunkt für die „Affektbilanz" ist gekommen: Als Konrad bei seinem nächsten Termin der Steuerberaterin von seinen Bedenken erzählt, meint diese, dass es ihn bei seiner Entscheidung helfen kann, zu jeder Option eine Bilanz zu machen – angestellt bleiben oder sich selbständig machen. In dieser Bilanz geht es im ersten Schritt nicht um Zahlen, sondern darum, der Freude für einen neuen Weg sowie die Bedenken und Ängste, also die Botschaft der Gefühle, besser kennen zu lernen und dadurch klarer planen und besser entscheiden zu können. Option 1 ist: „Im Rehazentrum bleiben".

Konrad fühlt sich in diese Situation ein. Die Fahrt dorthin, die Arbeit mit Klientinnen und Klienten, der Kontakt zu Arbeitskolleginnen und Kollegen. Dann trägt er, ohne viel nachzudenken, zuerst das negative Gefühl auf der Skala zwischen 0 und 100 ein, danach die Stärke seines positiven Gefühls (Abb. 7.10).

Das überrascht ihn: Auf die Anleitung, die Stärke des positiven Gefühls zu beziffern, schreibt er die Zahl 20 neben die Skala. „Es ist schon ein nettes Team und es ist gut, wenn ich mich mit meinen Kolleginnen und Kollegen austauschen kann – man lernt so immer weiter (siehe Abb. 7.11). Auch bietet der Job Sicherheit durch das fixe Einkommen. Das negative Gefühl ist allerdings bei 80: „Die lange Zeit jeden Tag im Auto ist wirklich nicht angenehm, da habe ich das Gefühl, dass ich Lebenszeit verliere. Auch stehe ich bei meiner Arbeit eigentlich an. Ich habe mich fortgebildet, sehe Menschen ganzheitlich und möchte sie auch so behandeln. Das ist im Rehazentrum, wo Behandlungen standardisiert sind, nicht möglich und auch nicht gewünscht. In meiner eigenen Praxis kann ich auch auf die Ernährung eingehen, was meiner Erfahrung nach ein wichtiger Faktor ist."

Im zweiten Schritt macht Konrad eine Affektbilanz für die Option „Selbständiger Physiotherapeut in St. Georgen" (siehe Abb. 7.12).

Hier zeichnet er ein hohes positives und ein geringes negatives Gefühl ein. Das positive Gefühl bewertet er mit 90: „Die Idee, mehr Zeit mit der Familie aber auch für mich zu haben, fühlt sich wirklich gut an. Auch merke ich, wenn ich im Urlaub zuhause bin und in der Früh laufen gehe, dass ich die Umwelt eigentlich nur vom Wochenende kenne. Wenn ich hier arbeiten kann, bin ich Teil des Ortes, lerne Menschen aus der Umgebung kennen und lebe in diesem Ort.

Option 1: „Im Reha Zentrum bleiben"

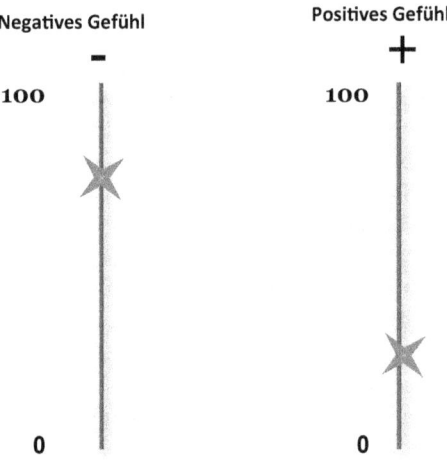

Abb. 7.10   Bewertung der Option, im Rehazentrum zu bleiben

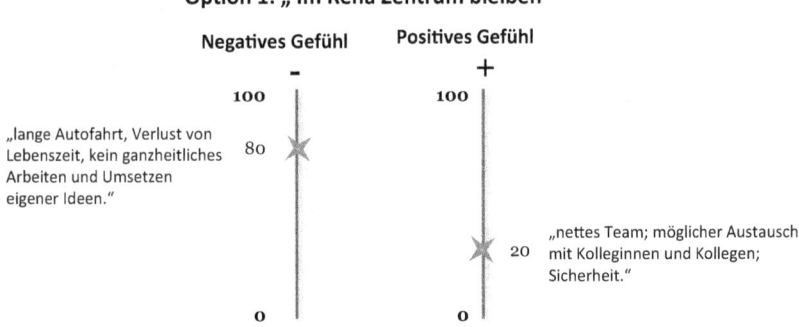

Abb. 7.11   Gründe, im Rehazentrum zu bleiben

Da merke ich, wie mich das zufrieden macht. Und nicht zuletzt ist es einfach ein super Gefühl, wenn ich mir beweisen kann, dass ich als selbständiger Physiotherapeut erfolgreich sein kann. Mit Blick auf die Skala mit dem negativen Gefühl bewertet Konrad dieses mit 20: „Mir ist noch nicht ganz klar, wie das

Option 2: „Selbständiger Physio in St. Georgen"

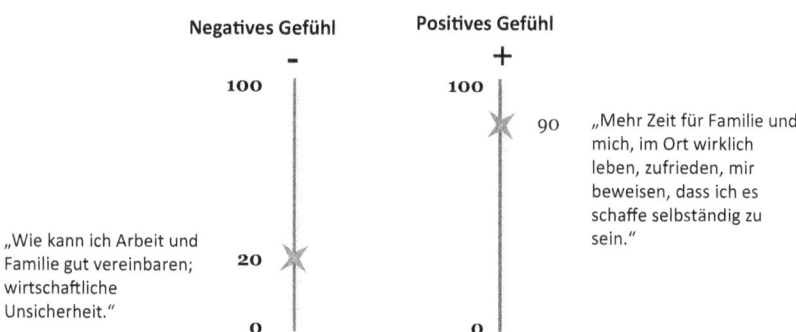

Abb. 7.12 Bewertung der Option, sich selbständig zu machen

mit meiner Arbeit und der Familie funktionieren kann. Die Kinder kommen am Nachmittag von der Schule und spielen dann im Garten. Klar geht's da oft laut zu. Und da befürchte ich, dass das für meine Arbeit störend sein kann. Und die wirtschaftliche Unsicherheit macht mir schon ein bisschen Angst."

Ergebnis der Affektbilanz

Beim Vergleich beider Bilanzen zeigt sich, dass die Option 2 „Selbständiger Physiotherapeut in St. Georgen" die besseren Zahlen hat. Das positive Gefühl ist mit 90 hoch genug für eine gute Entscheidung. Diese wird aber erst möglich, wenn das negative Gefühl reduziert werden kann. Und dort kann Konrad nun ansetzen. Er hat sich mit Marianne schon überlegt, dass er in den Sommerferien auch Frühtermine anbieten kann, wenn die Kinder noch schlafen. Und, dass die Kinder mittlerweile alt genug sind, um zu verstehen, dass sie lautes Spielen an den Abenden, an denen ihr Vater Klientinnen und Klienten behandelt, besser zu Freundinnen und Freunden oder in den Wald verlegen. Die wirtschaftliche Unsicherheit bleibt - auch wenn Ersparnisse vorhanden sind, auf die Konrad zurückgreifen kann. Aber wie heißt es so schön: „nur wer wagt, gewinnt!"

Wie immer Konrad sich entscheiden wird: Er wird eine Entscheidung treffen, von der er weiß, dass es für ihn eine gute Entscheidung ist. Und er wird wissen, was ihm bei dieser Entscheidung wichtig ist.

Was Sie aus diesem *essential* mitnehmen können

- Viele Finanzentscheidungen fallen mit dem Verstand. Der Verstand berücksichtigt jedoch nicht persönlichen Ziele, Werte und Bedürfnisse, deren Berücksichtigung dazu führt, dass sich der Entscheider mit seiner Entscheidung wohlfühlt.
- Entscheiden Menschen mit dem Verstand, tendieren Sie zu „steueroptimalen" Lösungen zum Zwecke der meist nur kurzfristigen Geld- und Vermögensmaximierung. Solche Entscheidungen sind keine persönlichen Entscheidungen und sind daher nur in Bezug auf Geld und Vermögen und unter Berücksichtigung der aktuellen Gesetzeslage effizient.
- Aus diesem Grund ist es wertvoll, das wissenschaftlichen Wissen aus Gehirnforschung, Psychologie und Pädagogik zu kennen und zu wisse n, welche Prozesse bei einer Entscheidungsfindung erfolgen, um sowohl vernünftige als auch wohltuende Finanzentscheidungen zu treffen.
- Wenn Menschen bei Finanzentscheidungen ihre Gefühle ernst nehmen, dann könne Sie diese in den Entscheidungsprozess einbeziehen, indem sie ihren Gefühlen auf die Spur kommen, diese in Sprache fassen und mit dem Verstand bearbeitbar machen können. Damit sind persönliche Entscheidungsgrundlagen nachvollziehbar und argumentierbar.
- Hierfür ist die Affektbilanz ein wertvolles Tool, weil sie Gefühle, die in Entscheidungssituationen entstehen, beschreibbar und bearbeitbar macht..
- Entscheidungen, die in Abstimmung zwischen dem Verstand und den beteiligten Gefühlen getroffen werden, berücksichtigen persönliche Ziele, Werte und Bedürfnisse und tragen so wesentlich zu einem erfüllten Leben in Wohlstand und im Einklang mit dem Umfeld bei.

Literatur

Storch, M. (o. J.): Das Geheimnis kluger Entscheidungen. In: STERN. https://www.stern.de/gesundheit/bauch-und-psyche-das-geheimnis-kluger-entscheidungen-3409704.html

Sauerland, M./Gewehr, P. (2017): Entscheidungen erfolgreich treffen: Entscheidungskompetenzen aufbauen und die Angst vor Fehlentscheidungen abbauen. Springer Gabler.

Gigerenzer, G. (2008): Bauchentscheidungen. Die Intelligenz des Unbewussten. C. Bertelsmann.

Kahneman, D. (2012): Schnelles und langsames Denken. Penguin.

Bargh, J. (2012): Vor dem Denken: Wie das Unbewusste uns steuert. Droemer.

Dijksterhuis, A. (2010): Das kluge Unbewusste: Denken mit Gefühl und Intuition. Klett-Kotta.

Adlmaier-Herbst, G./Mayer, A. (2022). Selbstmanagement und Motivation für Wissenschaftler*innen. Springer Gabler.

Bauer, J. (2005). Warum ich fühle, was du fühlst. Intuitive Kommunikation und das Geheimnis der Spiegelneuronen. Hoffmann und Campe.

Damasio A. (2007). Descartes' Irrtum. Fühlen, Denken und das menschliche Gehirn. List.

Das Zürcher Ressourcen Modell (ZRM): www.zrm.ch.

Kahnemann D. (2011). Thinking, fast and slow. London. Penguin.

Kuhl, J. (2001). Motivation und Persönlichkeit: Interaktionen psychischer Systeme. Hogrefe.

Moritz (2023). Wie die Persönlichkeit die Finanzentscheidung beeinflusst. Tredition.

Müller, M. (2016). Erfolgreich mit Geld und Risiko umgehen: Mit Finanzpsychologie bessere Finanzentscheidungen treffen. Springer.

Roth, G. (2009). Persönlichkeit, Entscheidung und Verhalten. Warum es so schwierig ist, sich und andere zu verändern. Klett-Cotta.

Storch, M. (2006). Welcher Entscheidertyp sind Sie? In: Harvard Businessmanager. 2006. https://bit.ly/45tDIeR.

Storch, M. (2010). Machen Sie doch, was Sie wollen! Wie ein Strudelwurm den Weg zu Zufriedenheit und Freiheit zeigt. Huber.

Storch, M. (2005). Das Geheimnis guter Entscheidungen: von Bauchgefühl und Körpersignalen. Piper.

Storch, M./Krause, F./Weber, J. (2022). Selbstmanagement – ressourcenorientiert. Grundlagen und Manual für die Arbeit mit dem Zürcher Ressourcen Modell ZRM. 7. Auflage. Hogrefe.

Weber, J./Berthold, D. (2020): Ich fühle, was ich will: Wie Sie Ihre Gefühle besser wahrnehmen und selbstbestimmt steuern. Hogrefe.

Printed in the USA
CPSIA information can be obtained
at www.ICGtesting.com
CBHW062148110924
14325CB00015B/341

9 783658 455897